预见，更好的遇见

你不能错过的生涯规划手册

张玉婷\著

经济日报出版社

图书在版编目（CIP）数据

预见，更好的遇见 / 张玉婷著. -- 北京：经济日报出版社，2017.11

ISBN 978-7-5196-0236-9

Ⅰ. ①预… Ⅱ. ①张… Ⅲ. ①职业选择 Ⅳ. ①C913.2

中国版本图书馆 CIP 数据核字（2017）第 287460 号

预见，更好的遇见

作　　者	张玉婷
责任编辑	郭明骏
出版发行	经济日报出版社
社　　址	北京市西城区白纸坊东街 2 号 A 座综合楼 710
邮政编码	100054
电　　话	010-63584556（编辑部）　63516959（发行部）
网　　址	www.edpbook.com.cn
E-mail	edpbook@126.com
经　　销	全国新华书店
印　　刷	中国电影出版社印刷厂
开　　本	710×1000 mm　1/16
印　　张	15
字　　数	162 千字
版　　次	2018 年 1 月第一版
印　　次	2018 年 1 月第一次印刷
书　　号	ISBN 978-7-5196-0236-9
定　　价	35.00 元

这是一部倡导生涯规划的书籍，这也是一部帮你了解自己、学会选择、智慧生活的宝典，这更是一部关于升华人生、成就梦想、拥抱幸福的秘籍！

近看一只鹏鸟的活动，似乎无任何轨迹可循。但如果把距离放远、把时间放长，便会发现许多规律。我们的人生亦如此，不要困顿于当下，把目光放远、把胸怀放大，去预见我们期许的精彩未来，遇见更好的自己！

遇见幸福的自己

近日，在一块城市宣传板上看到了这样的一句话："人生，最奢侈的就是成为自己！"看后深有感触。时代在迅速发展，中国经济更是以令世界震惊的速度发展着。但处于这一时代中的人们似乎有了更多的彷徨、不安与挫败感，常常感到危机四伏，充满焦虑，甚至迷失了自己。

人们，到底怎么了？

这种焦虑与迷失，真的是时代高速发展带来的负影响吗？

我们的教育工作者、理论工作者、心理学研究人员，都在关注这个课题。

最近，张玉婷的又一部新作《预见，更好的遇见》完稿，请我写序。看完之后忍不住点赞，这正是当下人们所亟需的一本书。

不安与焦虑的背后并非是由于时代飞速发展造成的，恐怕更多的是源于我们自己的意识，源于我们对于生涯规划意识的缺失。正如作者张玉婷分析的，在同一个时代背景下，仍然有那么多起点并不高、背景并不显赫、却做出了卓然成绩的人。这些人的成功，原因固然很多，但都有一个共同的因素，那就是，他们有坚定的人生信念，有清晰的前进方向，有脚踏实地的干劲，更重要的是，有胜不骄败不馁的精神。顺利时，他们流着汗奔跑；不顺利时，他们含着泪依然奔跑。

这本书与很多励志书不尽相同。它没有直接给你魔法般的成功答案，也没有过于晦涩难懂的高深理论，更不是简单的故事堆砌，但它确确实实能帮你找寻到那个已经迷失已久的、真实的自己。读过后，你对很多事情会豁然开朗，你会有很多启迪与感悟。你会清晰地意识到：你的学业、你的工作以及你未来的生活如何进展，不仅仅在于有多少人帮助你，而更在于你如何发现更好的自己，并进而塑造完美的自己。

在古代，在人类童年时期，面对自然界的无穷威力，人们就表现出不同的态度。一种态度是战胜它。比如，遇到干旱，就有了弈射九日的壮举；遇到涝灾，出现了大禹治水这样的英雄；高山拦路，就有愚公移山；大海阻隔，就有精卫填海。另一种态度是依靠救世主的帮助。比如，吃苦耐劳受人欺负的董永，得到七仙女的救助（神）。在这个童话故事里，“神助好人”的梦想被阐述的淋漓尽致。几千年来，这种“做好人就有贵人相助”的愿望一直深入我们的骨髓，而且是很活跃很现实的意识和梦想。

如何不那么被动地依赖救世主和贵人相助；如何发掘自身潜力，进而建立团队，发展友军，领跑于荆棘或坦途？

作者张玉婷在书中描述了发现全新自己的方法，更阐述了塑造完美自己的路径。

张玉婷研究生阶段攻读方向是课程与教学论，工作后从事的也是课程研究及生涯规划相关工作。她研究了大量国内外生涯规划教育资料并实地考察数百所学校及课程建设现状，有较强的的理论及实践基础。这本书涵盖了在教育大变革时代背景下的生涯规划意识、能力与技巧全面解读，也包括面向家长与教师生涯意识的深度思考。然而这本书又不仅仅以职业选择与规划为视角，更是一本能带你了解自己、学会选择、学会生活、感知幸福的人生攻略。它的信息量十分丰富，书稿中的内容更新了我们对于职业生涯的观念，将专业的生涯理论、小故事、测试巧妙地融合在一起，娓娓道来，让人忍不住想一口气读完。这本书，始于梦想的觉醒、生命与生涯的探索，从生涯规划思维的建立、到行动力的养成，并最终打造出个人的核心竞争力，让人渐入佳境。从生涯规划到独树一帜的纵向、横向生涯管理再到生涯创造理论，让人成长升华；从职业到财富到人生，处处彰显着智慧的力量。

20 世纪哲学家罗素在《幸福之路》中写道“不快乐的人会有一种不快乐的信仰，而快乐的人则会有一种快乐的信仰”。每个人都在寻求自己的幸福人生，人生的幸福在于你的努力，也在于你对幸福的预见。只要一个人还在诚实的坚守自己的信仰，自强不息地生活着，你终有一刻会发现，幸福正将生命温暖拥抱。

每个人都有属于自己的人生，都要创造属于自己的生涯。越早地并积极地思考人生，越早地了解真实的自己，越早地变心动为行动，你便会越早地走近幸福，遇见幸福！

作为此书最早的读者，很荣幸，并愿意向广大读者推荐。

玉婷的父亲张铁友是我的大学同学，他的女儿这样博学，这样优秀，我感到很欣慰。1977 年恢复高考以来，被中断的家族文化血脉再次形成传承之势，并受到广泛的重视。中国中产阶层在迅速扩大，其中的一个重要标志是：他们不仅在物质上进入中产阶层，更重要的是重视思考和研究。不仅会读书，会生活，他们更重视质疑和论证，他们在文化上越来越成熟，而且以著书立说的形式，代际相传。我喜欢书香门第，也尊重书香门第。

玉婷的书将在经济日报出版社出版，感谢出版社社长韩文高慧眼识珠。

吴学先

（吴学先，曾任教育部高等教育出版社编审，主任；香港华润集团研究部研究员；深圳南方科技大学教授；英国诺丁汉大学荣誉教授。）

丰富而美好的一生

前几年有一个问题非常流行：“幸福是什么？”一个得到广泛认同的答案是“有事做，有人爱，有期待”。这个答案听起来挺简单，仔细想想，倒也囊括了人生的主要追求。“有事做”代表了事业方面的充实（且关联了经济方面），“有人爱”代表了亲密关系方面的满足，“有期待”则代表了对未来生活的渴望。结合上面这个答案，我自己的感觉是，幸福是一种综合的感受，如果能同时拥有三样当然非常幸运。但面对“骨感”的现实，我们该如何获得幸福呢?

很多人说，快乐是生活的真谛。那么，快乐又是什么呢？现在我们已经知道了多巴胺和内啡肽的存在，并由此解释了运动、恋爱、网游、甚至吸毒会让人欲罢不能的原因。我们还知道，多巴胺其实是一种传递兴奋与开心的神经传导物，带来的是对快感的渴望与幻想，并非快乐本身。内啡肽被称作“快乐激素”，但它的产生艰难而漫长，需要经过身体和精神双重艰苦的努力。我们如何才能找到值得让自己付出艰苦努力的那个（那些）东西以获取快乐呢?

张玉婷老师写的《预见，更好的遇见》这部书告诉我们：幸福和快乐，是可以通过“规划”得来的。规划的前提是认识自己，认识自己和规划都是有方法的。

认识自己不是一件容易的事情。记得我在读 MBA 的时候，曾经做过书中提到的 MBTI 测试。测试结果显示我是一个极度“内向型”的人。这令我大跌眼镜，因为从小到大，性格开朗、活泼健谈就像是我身上的一枚标签。但当我仔细想来，我的确是一个“向内寻求能量”的人。我的一些同学，虽然看上去不善言辞，却是“外向型”的，他们热衷参与各类派对，因为能从中“汲取能量”。而我却是“输出能量”，所以每次派对之后都很疲累……不能否认，这个测试结果对我后来的职业选择是很有帮助的。

认识自己是一个漫长且需不断修正的过程。仍以上述 MBTI 测试为例，我后来在不同的工作岗位又做过两次测试，结果均有所不同。除去测试时一些随机的因素，几年来人生的际遇，年龄阅历的增长，工作性质的改变等也可能导致性格的变化。

如同我在《西湾》的后记里写的，我们有多少人其实并不了解自己，更不知道自己真正想要什么，追寻自我的过程往往伴随着不断的“试错”。看过张玉婷老师的这本书，我相信您“试错”的成本会减少很多。

人的一生面临太多选择，我们必须不断思考，不断选择，不断实践，从而获得一点“快乐激素”，而规划就是这一系列动作的集合。平时不太看电视的我，近期偶然看到一档“开餐厅”的真人秀节目。节目中，某女星表示她参加该节目的目标是在经营餐厅的二十天中实现“盈利”，并制定了相应的“规划”。她说，“别人问我想要什么样的人生，我说我想拥有丰富而美好的一生。”

丰富而美好的一生，我们每个人都值得拥有。现在开始行动吧。

西米

2017 年国庆

作者心语

敢于遇见，是勇者对待时间的一种态度。在《瓦尔登湖》一书中，戴维·梭罗说：“时间决定你会在生命中遇见谁，你的心决定你想要谁出现在你的生命里，而你的行为决定最后谁能留下。”

从打算开始规划自己的一刻起，你便开始了崭新的人生。诚然，从什么年龄开始决定规划自己都不晚，但我们为什么不趁早开始？很多人由于没有人生规划的意识而迷茫、痛苦一生；很多人发现自己的兴趣所在时却早已偏离了轨道，后悔不已。

如果你是正在埋头苦读的学生或是步入职场的青年，你一定要看这本书，因为这本书有可能改变你一生的命运，指引你活出精彩的自己。如果你身为教育工作者或为人父母就更要看，因为它将教会你用发展的眼光看问题，而不是以短视的、功利的态度帮孩子决定未来。即使你已年过半百，两鬓染霜，只要你勇于规划自己，也一定会发现一个全新的自己。只要人生有梦想、有愿望做更好的自己，细细品读这本书，便一定会从中找寻到一些灵动的智慧和创意的思考！

恭喜你！当你翻开这本书，你就与自己更近了一步。人生虽短犹长，每个人的生命只有数十载，但对于我们每一个人来说，那是完完整整的一辈子！没有人知道下辈子的事情，我们为什么不在有限的时间里激发自己的所有潜质，做最好的自己呢?

人生是自己的，不管你现在处于哪一个年龄阶段，过着什么样的生活，只要你肯了解自己、规划自己并勇于践行，你就会活出精彩的人生。你要明白，你的大学、你的工作以及你未来的生活将会如何，不仅仅在于有多少人帮助你，重点在于你如何帮助你自己!

在这个给人过多选择余地的社会，每个人都需要面对速度、面对诸多的选择，而教育并没有及时地教会人们如何选择，只能使现代人越来越困惑、不快乐、承受巨大的压力。这里的症结是否就是我们没有培养一种生涯规划的意识，不曾锻炼为自己做好规划的各种能力呢？所以，生涯规划的普及势在必行。

本书从结构上划分为六个部分，一共十个章节，包括对职业生涯、对生活、理财及人生伴侣的一些思考，通过生动、发人深省的故事及前沿、科学的小测验，一步步带着你了解自己，打造个人的核心竞争力，成为一个会生活、能够感知幸福的人!

第一部分也就是全书的第一章，是通往梦想之旅的探索。这一章通过三个故事讲述听从心灵召唤的伟大生命的力量，向读者传递能量，唤醒沉睡已久的梦想，并对当今教育现状进行深入的思考。

第二部分即第二章，对生命与生涯展开探索，从生命与人类的起源谈起，剖析了因生涯选择的不同，所展现出的不同生命状态。本章还重点阐明了生涯规划的内涵、意义及在年轻时期尽早进行生涯规划的重要性。

第三部分包括第三章到第六章，论述从生涯规划思维的建立到行动力的养成，以及打造个人的核心竞争力的问题。其中融入了很多操作性强、生动有趣的自测问卷，帮助我们更好地认识自己，发现更真实的自己。从兴趣、性格、能力、价值观等方面，助力生涯规划决策。

第四部分包括第七章管理你的生涯与第八章创造你的生涯。世界上最大的永恒就是变化。在我们的生涯中，必须做好适应变化转换跑道的心理准备。本书首次提出了终身的纵向生涯管理与横向能量管理的生涯管理理论，以帮助我们更好地管理生命。系统论述了如何从生涯规划升级至生涯创造，在大有作为的时代创造更加精彩的人生。

第五部分即第九章——不一样的遇见。通过大量名人和平凡人成功的故事，探索生涯规划不一样的魅力。或是由于兴趣爱好，或是由于天赋能力，或是由于专注坚持，或是由于开拓创新，他们成就了富有价值的幸福人生。我们将从这些故事中有所收获，只要始终坚持去思考、去践行，一定会遇见属于我们的幸福人生。

最后一部分即第十章，论述了生涯规划并不局限于职业生涯，更包括财富、人生伴侣、生活等方方面面的规划。对财商、人生伴侣等进行了深入思考。对财商的内涵及养成进行了相应解读，对伴侣的选择、家庭婚姻的规划与经营进行了相应的指导。

生涯总是不断发展的，每个人所处的环境和机遇总是不断变化的。这本书会开启你人生新的视野，让你思考一些过去不曾觉得关键的事情，帮助你了解真正的自己，找到你所钟爱的事情，尽早建立起生涯规划意识，助你一步步走向成功。

预见是为了更好的遇见。相信我们有能力遇见属于我们最美好的未来！

目录

contents

Part 3 思考 · 思行并重

Part 1

梦想 · 勿忘初心

※ 兴趣爱好，已被当下很多的年轻人视为奢侈品。但不为人所知的是很多有志向的人可是由于对爱好的执着与热爱才成成就了伟业。朝着自己渴望的方向成长是快乐的，也是最能拼尽全力的，它能让你释放出巨大的潜能。

※“‘记住你即死去’是我一生中遇到的最重要箴言”。这是乔布斯送给自己的话，它给乔布斯指明了生命中一次次重要的方向，因为几乎所有的事情，包括所有的荣誉、所有的骄傲、所有对难堪和失败的恐惧，这些在死亡面前都会消失。

第一章
你的梦还在吗

随着时代的发展、社会的进步，我们所面临的选择越来越多。我们不再处于只需向前划船便能靠岸的单一河道里，每一个人都有着数不清的航线等着自己，我们做出的选择也有千百种答案。但或许最好的方法便是不忘初衷，遵从自己内心的选择，选择你所真正想要的，这样回过头来品味你的人生时，便会无怨无悔。

听从心灵的召唤

我想讲三个故事。

第一个故事的主人公叫应佚伦。她被联合国教科文组织授予 2015 年“世界最具潜力女科学家”，她也是该奖项的首位国内得主。可以说这绝对是位幸运儿，因为她的“任性”从未受到过阻挠。与很多习惯事事被长辈安排好的同龄人不同，喜欢探索的应佚伦始终把兴趣喜好放在第一位。

年少的她上过钢琴、奥数、绘画和计算机课，但都没坚持下来。对于这些学习的“半途而废”，父母从未强求。他们没有给她设定目标，没有强制要求，因为他们觉得帮助孩子发现真正的兴趣远比继承衣钵和考级拿奖重要，这让应佚伦到现在都十分感动。在市第三女子中学读书的时光是应佚伦印象中最惬意的校园生活，说起“市三女中”应佚伦语调上扬，用“真的太好了”形容对母校的印象。其实，这个“好”并不是指学业的春风得意，而是指“不管成绩如何，老师都不会用期望值催促你完成什么，你不会受到干涉，不会有成为负担的作业，更不会无处可去无事可做，因为女中的氛围是让学生按自己的步调去学习、生活”。

学校课外活动、兴趣小组众多，排球、足球、茶艺、健美操，应佚伦都玩过。学校还建有完备的生物、化学实验室，定期向学生开放，可自由出入使用。在那里，她第一次在显微镜下看到了组织切片，亲手操作了多个实验，她对于化学科学的兴趣愈加浓厚，也为她日后的成功打下了坚实的基础。

应轶伦是极其幸福的，没有任何阻力地自由成长，发现兴趣，坚持选择，并有家人支持、名师提携，最后收获了属于她的傲人成就。

兴趣爱好，已被当下很多的年轻人视为奢侈品。但不为人所知的是很多有志向的人正是由于对爱好的执着与热爱才成就了伟业。朝着自己渴望的方向成长是最快乐的，也是最能拼尽全力的，它能让你释放出巨大的潜能。兴趣是最好的老师，跟着兴趣走到哪儿都是自己的主场！

第二个故事的主人公是两个人，乔布斯与周浩。

这绝对是两位牛人。其中一位是名声大振的美国著名发明家、企业家、苹果公司联合创办人——乔布斯，另一位虽没有乔布斯的名气，却因从北大退学转读技校而引起轰动。

在我心中，他们有着极高的地位。因为，他们是人生长河中真正的勇士！

不过这两个人的大学时期和应佚伦比起来就相对凄惨了，一个认为上错了大学，一个认为读错了专业。

乔布斯在他去斯坦福大学做的演讲中是这样说的，“在十七岁那年，我愚蠢地选择了一所几乎和你们斯坦福大学一样贵的学校。在六个月后，我已经看不到其中的价值所在。但是在这里，我几乎花光了我父母这一辈子的所有积蓄。所以我决定退学。不能否认，我当时确实非常害怕，但是现在回头看看，那的确是我这一生中最棒的一个决定”。

周浩在 2014 年进入大家的视野，被多家网络媒体报道，甚至中商情报网起了这样一个题目“男生从北大退学转读技校　盘点名校肄业生”。

我们来看看周浩的故事。周浩 2008 年参加高考，考出了 660 多的高分，是青海省理科前 5 名。本来他想报考北京航空航天大学，因为自己从小就喜欢拆装机械，家里的电器都被他几番拆卸重装过，但却遭到家人和老师的一致反对，父母和老师都觉得这样高的分数不报考清华北大就是浪费才华。周浩最终还是妥协了，听取了父母的建议选报了北京大学生命科学专业。但是在北大读了一年，他就感觉自己对这个专业实在没有兴趣，甚至感到有些“痛不欲生”，于是下定决心先休学两年。后来，他决定退学，到北京工业技师学院学习，他要学习自己喜欢的、操作性强的专业，周浩认为这是自己做的一个最正确的决定。后来，周浩通过自己的努力成为北京工业技师学院最优秀的学生之一，还没有毕业就有不少企业向他抛出橄榄枝。

不管现在的周浩境遇如何，我预测他的人生境遇一定不会差。因为不论遇到什么，勇者无畏，智者无惑。而且，他一定生活得很快乐，因为他懂得他要的是什么，并有勇敢的心与超强的行动力。

我们应该相信，未来的自己会感谢此刻的付出、艰难与改变。想要收获精彩，就不要目光短浅。勿忘初心地向前走，才能收获发自心底的幸福!

第三个故事要讲述的是一位生命斗士——力克·胡哲，一个没有四肢却演绎了无数生命奇迹的人。

1982 年 12 月 4 日，力克·胡哲出生在澳大利亚墨尔本。然而，这个新生命的降生，给父母带来的并不是惊喜，而是惊恐。小力克·胡哲一生下来就患有“海豹肢症”，没有双臂和双腿，只在左侧臀部以下的位置有一个带着两个脚趾头的“小脚”。他稍稍懂事开始，由于接受不了自己，曾几度尝试自杀，但都没有成功。在这期间父母一直鼓励他、帮助他战胜困难。直到 13 岁那年，力克·胡哲看到一篇刊登在报纸上的文章，介绍一名残疾人自强不息，给自己设定一系列伟大目标并完成的故事。他受到启发，决定把自强自立、帮助他人作为人生目标。从那以后，一场永不止步的追梦之旅便开始了。

从那时开始，力克尝试凡事感恩，抱着积极和乐观的态度生活。他渐渐学会了应付自己的不自如，开始做越来越多的事情，做那些其他人必须要手脚并用才可以完成的事情，比如刷牙、洗头、用电脑、运动……七年级时，力克去竞争学生会主席，成功当选。他与学生会同伴一起参与地方慈善机构和残疾组织的各种事务。无论做什么，他都要付出比别人多几倍甚至几十倍的艰辛，但力克从未放弃。更不可思议的是：骑马、打鼓、游泳、足球，力克样样皆能，在他看来天下没有做不成的事。他拥有两个大学学位，是企业总监，更于 2005 年获得了“杰出澳洲青年奖”。

他找到了生活下去的伟大意义。19 岁的时候，他开始通过自己充满激情的演讲和亲身经历去鼓励其他人，给人们带去希望。他的足迹遍及全球二十多个国家，演讲对象包括政府官员、总统、名人等，与超过 300 万人交流心得，并通过电视、报纸、杂志与超过六亿人沟通。

如今的他已经梦想成真了，成为一名励志演讲大师，并出版了《人生不设限》《永不止步》等多部畅销书。有人问他说，你觉得自己是这世界上最快乐的人吗？他的回答是肯定的。他对人生的三个真谛——价值、目标、宗旨都很清楚，他知道自己要往哪里去，所以他很快乐。

力克 · 胡哲的故事告诉我们，**人生最可悲的不是失去四肢，而是没有生存的希望与目标。**试想，一个连目标、梦想都没有的人，他该如何行动呢？他向我们传递的不仅仅是乐观、向上的精神和坚持成功的信念，更是给我们的心灵注入了强大的力量。当你想放弃的时候，想想力克 · 胡哲的坚持；当你悲观失落的时候，想想他的乐观与心态。力克 · 胡哲的人生证明，**只要你拥有梦想，明确方向，意志坚定，就一定能走出自己精彩的人生之路，没有任何事情能阻拦你去实现梦想！**

接近死亡的时候，你想到的会是什么

曾经读过一篇文章——《我从坠机的一刻学到了什么》，让我深思。Ric Elias 是 2009 年全美航空 1549 号班机上的一员，在飞机迫降纽约哈德逊河他遇险生还后，写下了这篇文章。

飞机在 1000 多米的高空发生严重故障，机舱内布满黑烟，引擎发出喀啦喀啦的声响。当机长已经将机头调转方向，把飞机对准了哈德逊河并关闭了引擎时，Ric Elias 意识到他的人生可能已经走到了尽头。后来他写道：在这最忐忑、也许就是生命中的最后一小段时光里，他想到的第一件事情就是"我的人生目标清单，那些我想做的事。我不想再把生命中的任何事延后，这种紧迫感、目标性改变了我的生命"。我们不禁追问，为什么只有到了危及生命的时候我们才能想明白一些事情呢？如果能够尽早地问问自己的本心，尽早地努力经营生活、规划自我，是否更对得起我们自己呢？

"'记住你即将死去'是我一生中遇到的最重要箴言"。这是乔布斯送给自己的话，它给乔布斯指明了生命中一次次重要的方向。因为几乎所有的事情，包括所有的荣誉、所有的骄傲、所有对难堪和失败的恐惧，这些在死亡面前都会消失。"记住你即将死去"确实是避免这些想法的最好办法。当体检后医生告诉乔布斯那很可能是一种无法治愈的癌症，当他被告知还有 3~6 个月的时间活在这个世界上，当他觉得那是最接近死亡的时候，他真正认识到：每个人的时间都很有限，所以不要将时间浪费在重复其他人的生活上。不要被教条束缚，那意味着你的生活中充斥着太多其他人思考的结果。不要被其他人喧嚣的观点掩盖你真正的内心声音。知道你想要成为什么样子，所有其他的事情都是次要的。

李开复的《向死而生》一书也谈到“你问问自己的心，千万不要骗自己”！

每个人的生命都只有一次，谁都不知道来生会是什么样子。所以，我们为什么不用尽全力活好这一辈子，无悔这一生呢?

你的梦还在吗

在闻名世界的威斯敏斯特大教堂地下室的墓碑林中，陈列着英国皇室成员以及诸如牛顿、达尔文、狄更斯等许多著名人士的墓碑。人们到了那里，可以不拜谒这些国王及名人，却一定要拜谒一块普通的但名扬世界的墓碑，甚至有人因此改变了命运。在这块墓碑上，刻着这样的一段话：

当我年轻的时候，我的想象力从没有受到过限制，我梦想改变这个世界；当我成熟以后，我发现我不能改变这个世界，我将目光缩短了些，决定只改变我的国家；当我进入暮年后，我发现我不能改变我的国家，我的最后愿望仅仅是改变一下我的家庭。但是，这也不可能。当我躺在床上，行将就木时，我突然意识到：如果一开始我仅仅去改变我自己，然后作为一个榜样，我可能改变我的家庭；在家人的帮助和鼓励下，我可能为国家做一些事情。然后谁知道呢？我甚至可能改变这个世界！

一直都喜欢麦家的一句话：平庸的人有一条命，性命；优秀的人有两条命，性命和生命；卓越的人有三条命，性命、生命和使命。那么，你有几条命呢？你的使命和梦想是什么呢？你又为了使命和梦想做过哪些努力呢？

教育的意义是什么

克里希那穆提在《教育就是解放心灵》里说到，“在所有的职业当中，教育是最伟大的。教师不只是要带来学术上的优秀，更为重要的是要带来学生和他自己心灵的自由。因为，教育就是要把心灵从‘自我’的有限能量中解放出来”。

他在《完整的教育》中就言明：社会，以及我们所处的文化，要求学生必须努力获取一份工作，以得到物质上的保障。职业第一，其他一切退而求其次。也就是说，金钱第一。可人们只靠金钱是无法幸福生活的，一旦金钱成为生活的主导，我们的日常生活就会出现失衡。所以，学校要始终坚持一种态度——培养完整的人。

教育不应仅是传递知识，更为重要的是让智慧觉醒，然后让智慧利用知识，而不是相反。生涯规划教育的真正意义就在于如何让我们的智慧觉醒，教我们在未来的人生之旅中，更有智慧地生活。

很多人在应试教育的指挥棒下，丧失了对兴趣爱好执着追求的勇气。甚至在没有更多压力的情况下，变得无所事事。我们羡慕美国学生的自由，可是到了大学，很多人却怅然若失，沉迷于游戏、逛街，甚至还经常旷课。令人惊讶的是少数以优异成绩考入大学的孩子最后竟修不满学分、毕不了业。美国的教育自由、开放，可是大学生们学习兴致非常高，时间安排很紧凑，创造性成果很多，诺贝尔奖获得者层出不穷，这是否与美国从幼儿园就开始重视生涯规划的启蒙课程有关呢?

北京市教育科学研究院资料表明：42.1％的大学生对所学专业不满意；65.5％的学生表示如果可能将改变专业。北京对 6 万多大学生的调查表明：57.8% 的大学生对所学专业不满；78.9％的学生表示希望改变专业。一项对山西省 5865 名在读高中生的调查研究表明：学生的生涯准备状况令人担忧，仅有 13.8% 的学生对未来从事的工作有比较多的了解和认识，9% 的学生了解大学及其专业设置，29.1% 的学生根本不了解未来的工作，32.8% 的学生根本不了解大学及其专业设置。

这些数据令人反思，如果教育让年轻人更加迷茫、焦虑、痛苦以及手足无措，那么还何谈教育的意义?

所以，我们不要再追问“什么专业好就业”“如何让年轻一代更加优秀”“我们的孩子应该读研还是工作”这些问题了。追根溯源，我们应当回到起点上问一个最基本的问题，教育的意义是什么?

我们要通过学校的教育培养出一个这样的人：他珍爱生命、懂得生活；他自强自信、勇于担当；他人格独立、融入社会；他感恩惜福，智慧、幸福。这才是教育的意义与价值所在!

心灵是无限深邃的、无边界并且自由的，教育应该使我们保有善良与正直的灵魂、拥有勇于追逐梦想的心气与能力、培养独立健全的人格、持有智慧的悦纳生活的心态，这才是教育的真谛!

Part 2

生命·生涯探索

※ 其实，经营生涯，就是在经营人生。曾经读过非常好的一段话：“最棒的人生规划，不是做一份工作，不是找一份职业，不是做一生意，不是做一份事业，而是把经营自己的人生，变成我们的事业，我们的生意，我们的职业，我们的工作。最高明的规划，是在经营自己的人生的同时，经营了自己的事业、生意、职业、工作。如果你有幸得人点拨，教你如何规划，这样的人生，才是最精彩的人生”。

※ 懂得为自己建立长期、中期与短期目标，并在实践上学会调整。人生在世，需要有一个目标。有了这个目标的指引，你就会感到肩上的责任，就会有一种使命感，就不会随意浪费时间，不会无所事事，你的生活就一定是充实且富有有效的。

第二章
生命与生涯规划探索

生命的起源　人类的起源

我们追溯人类的起源，就必须从地球上出现生物以及生物的演化开始，谈到生物的演化又一定要涉及地球遥远的历史。据宇宙学家估计，宇宙的年龄大约是150亿至200亿年。按照宇宙大爆炸理论，在150亿到200亿年前，宇宙的物质集中在很小的范围内，密度极高，再加上重力的作用，使这些物质的温度不断上升，爆炸便产生了。宇宙大爆炸使得宇宙中的多余物质，都向四面扩散。形成了基本粒子，并开始形成原子核。随着体积的不断膨胀，温度由高到低，宇宙由辐射状态变为物质状态，于是生成了上千亿的银河系，难以统计的星体，恒星、卫星、行星等等。一个银河系大约包含一千亿个星体，太阳系只是其中的一个星体，我们的地球只是太阳系的八大行星中的一个，太阳系是大约50亿年前形成的。

据史料记载，地球形成约在50亿到46亿年前。在这漫长的岁月中，地球上大部分时间只有无生命的物质。当时大地上火山遍地，岩浆横流。随着地球表面的不断冷却和水汽的增加，大地开始出现了水并逐渐汇集得越来越多。约在39亿年前，地球上出现了原始的海洋。几乎完全是淡水的原始海水中溶入了大量的有机质，如氨基酸、核苷酸等。在物理作用下，一些有机质形成了蛋白质。在随后的几亿年中，这些蛋白质越来越复杂，终于在33亿到34亿年前生命开始出现了。

到目前为止，学术界关于人类起源的见解仍不统一。通过科学家上百年的研究和争论，目前大多数科学家认同的看法是，非洲大陆曾经发生过剧烈的地壳变动，形成了巨大的断裂谷。断裂谷南起坦桑尼亚，向北经过整个东非，一直到达巴勒斯坦和死海，长达8000公里。断裂谷两侧的生态环境因此发生了巨大的变化。当地的森林古猿也因此而逐渐分化成两支，即仍旧生活在森林环境中的森林古猿，逐渐进化成现代的类人猿；生活在断裂谷东部高地的森林古猿，由于森林减少，不得不经常从树上下来寻找食物。由于身体结构的变异和环境的改变，逐渐形成了利用下肢行走的习惯，从而在以后的漫长岁月中获得了巨大的发展机会。到距今大约200万年前，直立行走并能够制造和利用工具的古代人类出现了，人类学家把他们称为直立人。总之，人类起源于森林古猿，并大致出现在距今400多万年前。生物的进化经历了漫长的岁月，随着生存环境的演变，低等生物逐渐向高等生物进化，由水生向陆生进化。

从人类进化史来看，有着令人赞叹的多项突破：

两手抓物（600万年前，图根原人，拇指与其余四指相对）、下树生活（440 万年前，始祖地猿，逐渐向直立行走演化）、使用石器（350 万年前，我们的祖先开始使用石质器具）、直立行走（约 300 万年，南方古猿阿法种）、开动大脑（280 万年前的南方古猿非洲种头骨化石前倾）、熟用工具（230 万至 140 万年前，能人已会制造石质工具）、食用晚餐（200 万年前，南方古猿）、学会取火（180 万到 14.3 万年前，直立人使用火种）、早期智人（30 万到 5 万年前）、杂交繁衍（13 万年前，人类与尼安德特人的“混血”）。

生命与进化的过程就是如此，从原始到现代，从愚昧到智慧，不断在探索中找到出路，变得越来越完善。

生命的进化就是适应自然环境、征服自然环境的过程，也是不断变革发展、追求和谐完美的过程。

生涯，生命长河的短暂一瞥

生涯，是生命长河的短暂一瞥，却又让生命的延续大放异彩。对于每个人的生命，生涯更是意义重大。

我们先看一下外国学者曾给生涯下过的定义：

生涯是一个人整个生命中所选择追求的一种行动方案。

——曼得和韦斯

生涯是一个人在生命时段期间，其与工作有关之经验及活动方面的态度与行为之顺序。

——霍尔和古达尔

从几位学者给出的定义即可看出生涯与生命紧紧相连，

密不可分。

生命对于我们每个人来说，有长有短。但是不同的生涯际遇会让我们有着不一样的生命质量。

比如摩西奶奶，在美国是个妇孺皆知的老太太。一个从来没有进过美术学校的农村女子，却登上《时代》《生活》杂志的封面，作品在现代艺术博物馆（MOMA），被大都会博物馆和白宫收藏，个人展览从美国展到巴黎、伦敦。摩西奶奶逝世之后，美国邮政特地为她发行邮票。她在近 80 岁拿起画笔，发现自己真正所爱，可以说是美术生涯成就了她，使她的生命更加丰盈。

就如她写的《一百岁感言》：回顾我的一生，在八十岁前，一直默默无闻，过着平静的生活。八十岁后，未能预知的因缘际会，将我的绘画事业推向了巅峰，随之带来的效应，便使我成了所有美国人都耳熟能详的大器晚成的画家。有年轻人来信，说自己迷茫困惑，犹豫要不要放弃稳定工作做自己喜欢的事情。人的一生，能找到自己喜欢的事情是幸运的。拥有自己真兴趣的人，才会生活得有趣，才可能成为一个有意思的人。当你不计功利地全身心做一件事情时，投入时的愉悦、成就感，便是最大的收获与褒奖。正如写作是写作的目的，绘画是对绘画的赞赏。投身于自己真正喜爱的事情时的专注与成就感，足以弥补柴米油盐酱醋茶这些琐碎日常生活带来的厌倦与枯燥，足以让你在家庭生活中不过分依赖伴侣，保留独属于自己的一片小天地。人生并不容易，当年华渐长，色衰体弱，我的孩子们，我希望你们回顾一生，会因自己真切地活过而感到坦然，淡定从容地过好余生，直至面对死亡。

也正是这份淡定从容，成就了她。

再如唐代杰出诗人王勃，不幸溺水而亡时，年仅二十七岁，但是却留下了《滕王阁序》这样的传世名篇。生命虽短暂，史书却让他的诗意人生一直延续着。

不同的生涯决定了你有着怎样的生命状态。而很多人的生命状态，却不容乐观。

抑郁症患者为什么这么多

想想自己的生活状态，有没有以下的症状呢?

懒：有时候无原因突然疲乏无力、自觉懒散无能，日常生活中简单的家务活都懒于应付。

呆：动作减少，行动呆木、被动，思维迟钝、构思困难、记忆力和注意力下降，理解力和脑功能明显减退。

忧：忧郁悲观、意志消沉、无信心和活力，有万念俱灰之感。心情压抑、苦闷，对外界一切事物缺乏兴趣，并感觉有许多身体上的不适。

虑：多思多虑、焦急不安、胡思乱想、坐立不宁，或是一筹莫展、常常自责且自卑。

以上这些症状能代表什么吗?

答案：这是抑郁症的信号。

为什么当今社会越来越多的人不幸福、不快乐，甚至越来越多的人患上抑郁症，越来越多的青少年自杀呢?

先让我们看一组触目惊心的数据：

2011 年官方公布的一组数据表明，中国已成为世界上儿童自杀第一大国。

自杀是中国第五大死因，全国平均自杀率为 0.023‰，是国际平均自杀率的 2.3 倍，每年自杀死亡人数近 30 万人，这相当于一个欧洲中等国家 1/4 人口数。除了自杀成功者，每年还有约 250 万的自杀未遂者。有研究者据此分析，实际自杀数往往比公布的自杀数高 3 到 5 倍。

据调查，中国的女性自杀率高于男性，女性自杀率比男性高出 25%，全球每 100 个自杀死亡的女性当中，有 55.8 人是中国人。

自杀是中国 15~34 岁人群第一位重要的死亡原因。同时，中国每年大约有 13.5 万未成年的孩子经历母亲或父亲死于自杀的伤痛。

一项调查显示：上海有 24.39% 的中小学生曾有一闪而过的“结束自己生命”的想法，认真考虑过该想法的也占到 15.23%，更有 5.85% 的孩子曾计划自杀，并有 1.71% 的中小学生自杀未遂。另外一项调查发现将近 1/3 的在校大学生曾有过自杀念头，北京大学生自杀率在 0.09‰ ~0.024‰之间，即自杀死亡已占大学生非正常死亡的 61.38%。

全国中、小学生精神障碍患病率为 2.6%~32.0%。高校约有 20%的大学生有心理问题，其中 15%属于一般心理问题，需要学校、亲友进行疏导；3.5%有心理障碍，出现失眠、消瘦等症状；1.5%有精神病，失去自制能力，分不清现实与幻觉。

这些数据带给我们的不只是震撼与心痛，更是反思，难道我们的生命就是用来自杀的吗？

再让我们看几则报道：

《深圳晚报》报道，两个初中生因成绩不好受到家长的打骂、老师的责备和误解，承受不了巨大的心理压力，相约服用安眠药自杀，最终因服用的是“假药”而捡回性命。

某中学一名15岁的女学生从鸿运大厦15楼跳下身亡，原因是老师当学生面朗读她的情书。

还有很多自杀案例让我看后震惊不已，只是这些原因就能让孩子们草草结束掉自己健康的生命！他们是真的不知道生命有多么来之不易，还是真的觉得健康的生命不值得去好好珍惜？一些孩子轻易放弃生命原因可能是父母过于溺爱；可能是电子游戏赋予玩家多次生命复活机会，导致孩子对生命产生错觉；可能是学校和家庭教育中对死亡教育的缺失。但是，我觉得更是孩子们信仰的缺失、梦想的缺失！其实，只要活着，就有拼搏与改变的资本，便能体验不同的人生，看不同的风景。在这些自杀孩子的生命中，教育显得多么不堪一击！

看过《一席》中方励的一段视频，印象很深。他在视频中说“就算人生是条苦海，但自己是船长，想怎么开就怎么开”“人生就活一辈子，所以一定要活的快乐，那便是最大的赢家”。

方励知道自己喜欢什么，便去做什么。喜欢机械、喜欢电子、喜欢物理、喜欢数学、喜欢地球、喜欢海洋……但是全世界他找不到任何一个平台，能够让他今天玩这个，明天玩那个，实在不行他就自己搭一个台子，就这么着了。有一年他特别想去法国，但自己在美国工作。于是就琢磨，不能光去法国玩儿啊，那工作怎么办啊，后来就采取了一个方式：想去哪个国家经常玩儿，就寻找一个合作伙伴，跟那个国家建立商业关系。于是他跑法国去了，后来又跑意大利去了，然后又到英国去了，跑了无数国家。他永远把自己的职业跟自己的生活合成一体，也就是说每天他的职业其实是他的生活内容，这样的话，不管赚了多少钱，都有理由跟自己说，我没耽误时间，我玩得很好。

他说："对于我们所有只活一回的人来说，风险和机会，完完全全就是同一个事物。其实风险和机会都是紧紧交织在一起，百分之多少的风险，百分之多少是机会，完完全全看你自己的取向是什么。如果说怕这个、怕那个，哪里都是风险，那么你一生什么机会都没有。但恰恰是因为前面的事物是不确定的，你才真正拥有了人生的机会。如果什么东西都给你安排好了，你一点机会都没有，因为本来世界就是个很拥挤、充满竞争的世界。"

其实，经营生涯，就是在经营人生。曾经读过非常好的一段话："最棒的人生规划，不是做一份工作，不是找一个职业，不是做一点生意，不是做一份事业，而是把经营自己的人生，变成我们的事业，我们的生意，我们的职业，我们的工作。最高明的规划，是在经营自己的人生的同时，经营了自己的事业、生意、职业、工作。如果你有幸得人点拨，教你如何规划，这样的人生，才是最精彩的人生"。

而时至今日，生涯规划的意义则不仅停留于此，更高于此。或许懂得生涯规划的人从身体到心理上都要比别人健康许多。

《驱动力》一书里讲了两种人，一种是X型人，一种是I型人。X型人行为的核心行为准则以寻求奖励、避免惩罚为驱动力，外在奖励是主要动机。I型人以自由、挑战、担当等内在原因为主要动机，拥有其他的东西也不错，不过那些只是额外奖励而已。从长远看，I型人比X型人表现更出色；不过短期内，X型人往往能更快达成目标，但这种方法难以持续。研究表明，I型行为通常能让生理和心理状态更好。相比之下，那些主要动机是金钱、名誉和美貌等这些外在因素的群体，心理健康状态较差。后面章节也会谈到，I型人追求自主、专精的特质恰恰也是我们谈到的生涯规划的一些要素。无数事例都证明，懂得生涯规划并能够践行的人，从心理到身体状态都要比别人健康得多。

所以，珍惜生命，你便获得了一股神奇的力量。认真对待生命，会使你的短暂生涯更加丰满。永远不要停止相信，要懂得保有童心，相信一切皆有可能，始终对事物抱有热情、勇于追求！

生涯规划理论及其发展历程

谈及生涯规划，要先从职业指导说起。20世纪初，美国职业指导运动开始兴起。1908年，“职业辅导之父”——美国波士顿大学教授帕森斯创办了波士顿职业指导局，从事职业指导工作，引导人们接受教育和培训，沟通学校和用人单位，帮助人们择业，波士顿职业指导局的创办标志着职业指导的诞生。

第二年，帕森斯撰写了《选择职业》一书，该书第一次运用了“职业辅导”这一专门学术用语，构建了帮助青少年了解自己、了解职业以及人职相配的职业指导模式，标志着职业指导活动的历史性开端。

1939 年，美国学者威廉姆逊出版了《怎样咨询学生》一书，他将职业指导分为分析、整理、诊断、预测、咨询（处理）、追踪六个步骤，形成了一套独特的指导方法，该理论在 20 世纪三四十年代占据了职业指导的主导地位。

1951 年，金斯伯格等人出版了《职业选择》一书，通过对不同家庭背景的大学生职业选择过程及其间所遇到的问题进行研究，提出了“职业发展是一个与人身心发展相一致的过程”，向动态的职业生涯管理理论迈出了一步。

舒伯生涯发展理论的提出被认为是生涯规划理论形成的标志。1953 年，舒伯提出了生涯发展理论，重在对个人的职业倾向和职业选择过程本身进行研究。他以差异心理学和现象学作为解释职业选择的理论基础，提出了个体生涯发展中成长、探索、建立、维持以及衰退五个阶段以及不同阶段的发展任务。这一思想把职业指导上升到更高的层面，不仅以个人的发展为着眼点，同时也兼顾社会的需要和利益，从个体发展和整体生活的高度来考察个人与职业、个人与社会的关系。

舒伯的理论对于生涯发展规划具有重大的贡献。他整合了发展心理学、差异心理学、人格心理学及职业社会学的长期研究结果，将其汇聚成为一个完整而系统的理论体系。

自他以后，动态发展性的“生涯”的概念逐渐取代了静态稳定性的“职业”的概念，以规划人生长期生涯发展为主线的“生涯辅导”取代了短期职业选择为重心的“职业指导”。这一理论观点至今仍是生涯辅导的重要理论基础和实践指导。

生涯规划理论在中国的发展，经历了初步引进、停滞与恢复发展的历程。

早些年，我国也是侧重于职业教育与指导。1916 年，中华职业教育社主办的刊物《教育与职业》第 15 期专门刊出《职业指导》专号，进行宣传和推介。同年，清华学校校长周寄梅为了指导学生择业，发起了择业演讲活动，聘请名人、专家进行职业问题的演讲，指导学生填写工作志愿，以预测就业趋势，并为确定职业指导学科提供依据。

此后，在 20 世纪二三十年代，一系列有关职业指导的著作不断出版。早在 1923 年，邹恩润就编译了《职业指导》一书。该书通过对职业指导范围的界定，指出了职业指导的效用和方法。由中华职业教育社主办的《教育与职业》杂志，几乎每期都要涉及职业指导问题。而黄炎培、蔡元培、胡适等当时的教育界名流积极投身到对职业指导和职业教育的讨论中去，使得职业指导理论风生水起，对 20 世纪 20 年代的学制改革、教育改革实践活动和教育理论的丰富发展产生过重要影响。

20 世纪 30 年代中期开始，随着民族危机的加剧和抗战胜利后内战的爆发，职业指导渐渐淡出人们的视野。

中华人民共和国成立以后的相当长时间内，各行各业建设人才奇缺。由于实行计划经济体制，国家对各级各类的人才在配置方式上长期使用“统包统分”的政策，使得相关领域没有用武之地。加之以后十年动乱，职业指导一度在中国处于停滞状态。改革开放以后，社会主义市场经济体制的形成和发展，促使国家就业政策也逐步向“自主择业”的方向演变。经过近30年的发展，其相关理论又得到了一定的发展，具有代表性的有朱启臻的《职业指导理论与方法》、俞文钊主编的《职业心理与职业指导》等。从内容、出版年代上看，这些著作是随着我国就业政策向“自主择业”政策的转变应运而生的。其后至今，一大批关于大学生职业生涯指导的宏观论著也相继出版，为当今择业、就业提供了坚实的理论支持。近十年来，我国也开始越来越重视生涯相关理论，《生涯规划——体验式学习》《中学生生涯规划》《生涯咨询与辅导》《普通高中学生发展指导研究》等书籍相继出版，进一步丰富了生涯规划的理论。

总起来说，目前生涯规划由最初的职业指导向着学业、职业、生活等更加全面的人生规划发展，很多学者也在致力于构建更符合我们自身特质的生涯规划理论体系。

什么是生涯规划

生涯规划，它是对人一生发展的规划和管理，是变化的、持续不断的。生涯规划知识包罗万象，包括对自我的认识、选择的能力、全球化的技能，等等。掌握相应的生涯知识之后，能够更好地帮助我们在正确的时间点布局正确的行为，其实也就掌握了幸福人生的密码。

生涯规划内容主要包括学习规划（怎样学习、应该学习什么知识、学习风格如何等）；职业规划（如何选择自己喜欢、适合自己、并能充分发挥自己能力的职业）；生活规划（什么是健康的心态？如何面对生活中的压力？如何控制自己的情绪？后半生的规划）；家庭婚姻规划（如何寻找适合自己的伴侣、如何经营婚姻生活、如何构建幸福的家庭、如何处理彼此的矛盾）和财务规划（财富观、如何获得财富、财商）等。生涯规划知识包罗万象，包括对自我的认识、选择的能力、全球化的技能等。遗传、后天教育与环境的影响都对一个人的生涯有着一定影响。相关研究发现，每个人都有最佳的优势结构模型，如果每个人能在一生中，善于利用自己的长处，就能够使自己的潜能得到最大化的开发，获得真正的成功。也就是说，在我们掌握了相应的生涯知识之后，能够更好地帮助自己在正确的时间点做出正确的选择，其实也就掌握了幸福人生的密码。

生涯规划到底重要到什么程度

我们当中的大多数人一生中至少要做出三个最重要的而且不会随意变换的决定：做什么、在哪座城市做这些事情以及和谁一起做这些事。这些决定对我们的一生有着至关重要的影响。

打赢时间战

2016 年，罗振宇提出了一个概念——国民总时间（GDT）。他在跨年演讲上说，在我们可预见的未来，时间是绝对刚性约束的资源，一分一秒也多不出来，这将带来商业上的巨变。服务便是要想方设法帮助客户抢时间，各类 APP 则是比拼谁能让客户留在自己软件上的时间长。事实上，对于我们每个人的人生而言，说是为事业而战、为爱情而战、为金钱而战，都不如说是在打一场时间战来得贴切。我们可以在脑海里浮现这样一幅画面，每个人的面前都有一个计时器，只不过这个计时器是我们的寿命，比我们所看过的任意一个计时器的时间设置都要长一些。计时器上的时间就这样慢慢地流走着，不论你忙或闲，它都不会乱了步伐。直到有一天，你的时间用完了，一切都结束了。世界上有无数的人，为什么有些人能有很出色的事业、身兼数职，而有些人早已泯于众人、浑然度日。除了运气，更多的是一个人到底有没有规划、管理自己的能力！谁能最合理地利用好命运分配给我们的时间，谁能尽早意识到生涯规划的重要性，谁就是真正的赢家。

攻坚智力战

在《发现》上一篇名为《跳出“努力的陷阱”》的文章中有一小段内容值得我们深思。

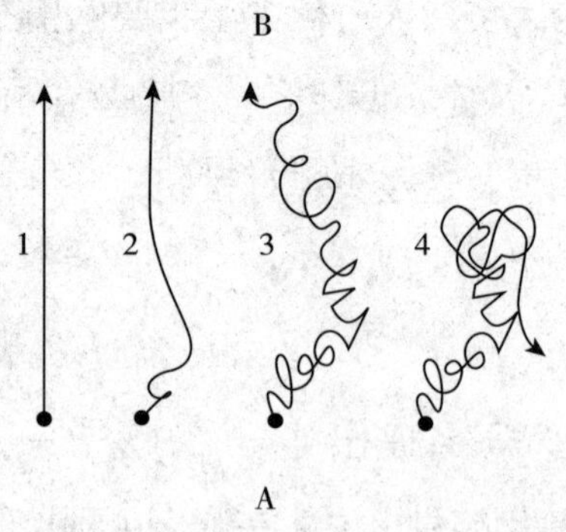

这张图上 4 个人都要从 A 点去 B 点。

1 是理想中最快的途径，一开始就知道路该怎么走；

2 是在开头稍微探索了一下，很快就找到了方向；

3 是从头到尾都在各种折腾；

4 是不管多费劲多努力都到达不了终点。

在我们生活中第四种类型的人不在少数，这或许就是我们很少为自己做生涯规划的弊病所在。一开始就不知道往下一站比较快的路线是什么，拼了命在原地奔跑。勤奋、努力，但可能得不到回报，最后很容易力不从心、抑郁失落、埋怨命运不公。其实这类人是典型的用战术上的勤奋掩盖战略上的懒惰的写照。

解锁幸福战

一直都特别难忘大学课堂上教授讲过的一个有点残酷的小故事。有一对兄弟，他们的家住在 80 层楼上。有一天他们外出旅行回家，发现大楼停电了。他们背着大包的行李，只好爬楼梯。于是哥哥对弟弟说，我们就爬楼梯上去吧。于是，他们背着两大包行李开始爬楼梯。爬到 20 楼的时候他们开始累了，哥哥说“包太重了，不如这样吧，我们把包放在这里，等来电后坐电梯来拿”。于是，他们把行李放在了 20 楼，轻松多了，继续向上爬。当他们终于爬到了 80 楼，兴奋地来到家门口准备开门时，兄弟俩才发现，他们的钥匙竟然留在了 20 楼的包里。

这个故事如果反映的是我们的人生，是否有点可悲？我们在年轻时背负了众多的压力，步履维艰。于是我们卸下了包袱，开始全力以赴地追求目标。到了生命的尽头，才想起对自己最重要的事情已经遗失。原来，我们所有的梦想都留在了年轻时。可能，我们也将因此失去人生中最大的幸福。

生涯规划会带给我们什么

据权威数据统计，在美国，所有公民都有接受生涯规划和心理测试的习惯，包括上学、就业、其他人生选择及在生活中遇到各种问题，平均每个人一生测试达 70 次之多。而在中国，人们对于生涯规划及心理测试的应用还处于起步阶段。

通过生涯规划的系统测试，会使我们进一步认识自我，了解自我。以便更科学地规划自己的生涯，掌控自己的命运。

生涯规划对于我们每个人的一生，都有着至关重要的作用。

目标意识的产生。懂得为自己建立长期、中期与短期目标，并在实践中学会调整。人生在世，需要有一个目标。有了这个目标的指引，你就会感到肩上的责任，就会有一种使命感，就不会随意浪费时间，不会无所事事，你的生活就一定是充实且富有成效的。就如金树人在《生涯咨询与辅导》中对生涯规划作的如下阐述："一个人若是看不到未来，就掌握不了现在；一个人若是掌握不住现在，就看不到未来。人为自己设下目标，就会带出希望，所有行为将会凝聚在这个希望的周围，活出意义来。"

责任意识的产生，懂得开始为自己负责任。责任意识是一种我们很看重的精神，但它其实更是一种能力，需要从点滴处培养。而真正懂得为自己负责任的人才能建立起属于自己精彩的人生。

勇气与行动力的培养。在有了目标与航向之后，会披荆斩棘、勇往直前。

潜能的激发，核心竞争力的打造。会唤醒拥有巨大潜力的自己，打造属于自己的核心竞争力。

自主选择的能力。对职业有了更清晰的认识和了解，有助于一生专业的选择、工作职业的选择。

创造性思维的培养。实现自我，创造价值，享受巅峰快感。实现自我，创造价值，是人生的更高层次。马斯洛理论把需求分成生理需求、安全需求、爱和归属感（亦称为社交需求）、尊重需求和自我需求五类，依次由较低层次到较高层次排列。

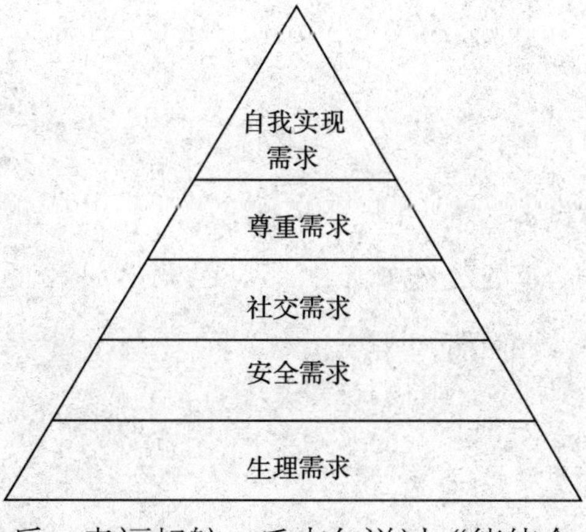

获得快乐，幸福起航。丘吉尔说过“能使个人工作和志趣相结合的人是真正幸福的人”。

实现幸福，是每个人的一生追求。每个人对幸福都有不同的理解。我很喜欢父亲写的一首诗《关于幸福》，奉献给读者。

关于幸福

什么是幸福?

幸福就是自得其乐，知足常乐!

不与富豪比财富，

不与显贵比官阶。

幸福源于看淡，

幸福源于境界!

幸福就是与有肝胆人共事，

从无字句读书，

结知心好友，

享一生愉悦!

幸福就是舍得!

怀真善之心，

行利人之举，

以奉献为责。

让生命的莲花处处开放，

让人与人相处舒坦喜乐!

幸福就是亲情挚爱，

爱人因你身心有了依靠的港湾，

孩子因你更加滋润活泼，

亲人因你更加暖心，

生活因你融融其乐。

爱，

就是幸福正能量的集合！

幸福就是以天地为心，

纳百川载万物。

幸福就是以日月为友，

返璞归真融入自然之列！

幸福源于博大胸怀，

大包容必有大快乐！

生涯规划最好应在高中开始进行

美国的生涯规划从幼儿园就开始，英国、加拿大、中国香港的生涯辅导从小学开始，日本的进路指导（生涯规划指导）从初中开始，我国台湾地区的生涯辅导设定为高中的必修课程。

著名学者钱江曾经策划和组织了一个系列采访，受访问对象是 1978 年 12 月 26 日登上飞机赴美国留学的 52 名学者。他们是改革开放后我国首批派出的公费留学生，在当年参加考试的 12083 人中脱颖而出，派往美国留学两年。后来他们全部成为各自领域的教授、知名专家或学术领军人物。现在，他们基本上结束了自己的职业生涯，至少是已经走向工作舞台的边缘了。当他们回顾自己的学习以及职业生涯的时候，这些知名人士有一个相同点就是他们几乎全部出自知名或重点高中。所有接受访问的学者，回顾自己的小学、初中、高中和大学经历，都认为高中阶段学习具有承前启后的意义，奠定了自己进入著名大学以及未来发展的基础。说白了，相对于小学和初中，高中极为关键。

著名生涯学者舒伯在他的生涯彩虹论中，提出 15~20 岁为生涯探索期，此可见高中生涯规划极其重要。

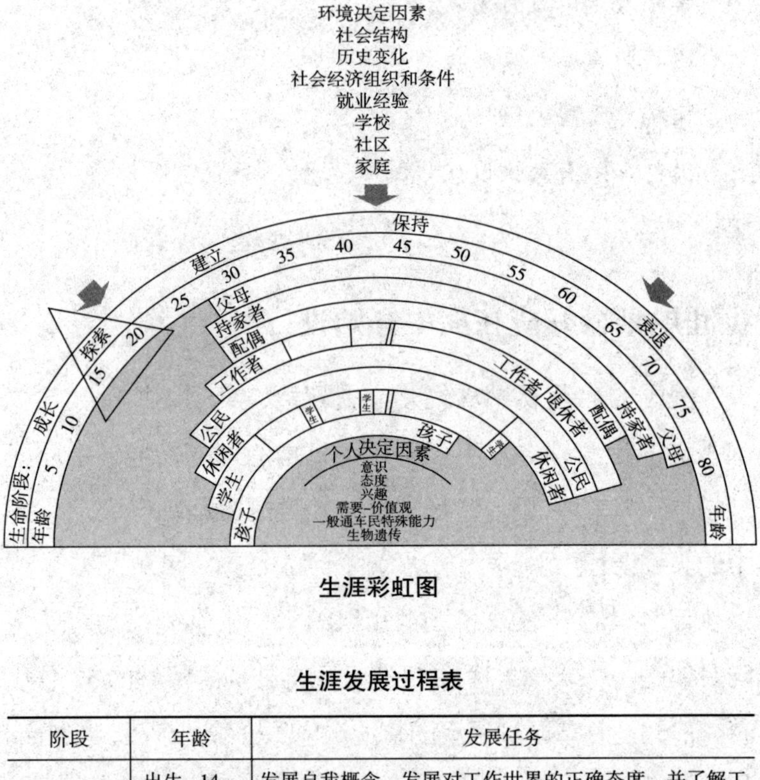

生涯彩虹图

生涯发展过程表

阶段	年龄	发展任务
成长阶段	出生 -14、15 岁	发展自我概念，发展对工作世界的正确态度，并了解工作的意义。
探索阶段	15-24	发展相关的技能使职业偏好逐渐具体化、特定化并实现职业偏好。
建立阶段	25-44	在适当的职业领域稳定下来，巩固地位，并力求晋升。
保持阶段	45-64	维持既有成就与地位，更新知识与技能，创新。
退出阶段	65 以上	减少在工作上的投入，计划安排退休生活，退休。

但从我国生涯规划发展看，还处于起步和发展阶段。

1994 年国家教委颁发《普通中学职业指导教育实验纲要》，要求各级教育部门应该把职业规划教育作为普通中学教育的一个组成部分加以研究和实施。

2014 年 4 月 24 日，酝酿良久的《关于全面深化课程改革 落实立德树人根本任务的意见》由教育部正式公布，其中提到“建立普通高中学生发展指导制度，指导学生学会选择课程，做好生涯规划”。2016 年，中国教育学会公布的《中国学生发展核心素养（征求意见稿）》共有九大方面 25 项，将“适性发展”列为其中重要的一项，即能正确判断与评估自我、依据自身个性和潜质选择适合的发展方向等。

我国高考新政最明显的特征是增加了学生的自主选择性，由文、理两种选择，变成六选三的 20 种选择。江苏等地目前已经实行高考改革，辽宁省也将逐步实行。“新高考”方案让学生有了更多选择权，而且把专业的选择提前到高一年级，这也把生涯规划教育提到了新高度。做好生涯规划教育，能够助力学生“凭优势智慧升学，凭强势智慧谋生”，让教育适合每一名学生成为可能。教育部基础教育二司副司长马嘉宾在 2015 年高考改革与学生发展指导高峰论坛上透露，教育部正在起草学生发展规划指导文件，不久将出台。其中，涉及的学生规划指导内容包括理想指导、心理指导、学业指导、生涯指导和生活指导，生涯指导和生活指导也首次被写进规划纲要相关文件。未来，生涯规划教育将成为高中生的必修课。

高中阶段是学生世界观、人生观和价值观形成的关键期，也是学生选择未来人生发展方向的关键期。开展普通高中生涯规划教育是贯彻选择性教育思想，促使学生全面而有个性发展，实施素质教育的重要组成部分。高中阶段，学生富于幻想，疏于务实，生涯规划帮助学生学会制定合理的目标，并努力完成，对其生产生重要的影响。

江苏、上海、深圳、北京、青岛等多地部分学校已越来越重视高中生涯规划课程的开设，生涯规划教育已成为当今高中育人的必然！

由此可见，在高中甚至更早进行生涯规划教育有着非凡的意义。想一想：一个人要在亲人、爱人、朋友、同学、同事的见证下走过数十载光阴，在孩子们世界观形成的重要阶段拿出一些时间来规划自己的未来有着怎样决定性的意义！高中是人生的十分关键时期，千万不能让孩子输在人生起跑线上！

高中阶段的生涯规划教育，并不是让学生通过学习，一定要确定下来具体的职业方向，而是要让学生们认识自己及社会，逐渐明晰自己的能力、兴趣所在，学会选择，学会对自己的人生负责任。

所以，我们应该有尽早进行生涯规划设计的意识。

Part 3

思考·思行并重

※ 思考是人类最宝贵的财富。思想指导着一个人的行为，决定着一个人的生涯高度，成就着一个人的生命质量。因为积极、深入、探索的思想，人类才得以不断进步。有太多的伟大都诞生于思考之中。

※ 有人在生命即将结束时，才会追问自己内心的真实，对自己碌碌无为的一生充满懊悔，如果现在的你不对未来人生及早做出选择和规划，那么，未来的你就是随波逐流、独自懊悔的平庸人。

※ 自知者自明，然后才能自律者自成，自盛者自强，自励者自怪。人，贵在自知。在认识自我的过程中，要自信，不能妄自菲薄；会自省，不断实现自我成长。

第三章
成为一个善于思考者

思考的能力决定一个人的成功力。善于思考的人，也是受人尊重的人。

傅斯年——台湾大学校长，是我国台湾地区唯一敢在蒋介石面前放胆直言的人。他极其善于思考，在他死后，台大行政大楼的对面架设一口大钟称为“傅钟”，每节上下课都会响 21 声，因为这位校长曾经说过：“一天只有 21 小时，剩下的 3 小时是用来沉思的”。

思考的力量，改变从思考开始

思考是人类最宝贵的财富。思想指导着一个人的行为，决定着一个人的生涯高度，成就着一个人的生命质量。因为积极、深入、探索的思想，人类才得以不断进步。有太多的伟大都诞生于思考之中。

年轻的艾萨克·牛顿坐在自己家的花园中乘凉，一个苹果落下来砸到他的头上，他不断思索：为什么苹果只向地面落，而不向天上飞呢？他分析了哥白尼的日心说和开普勒的三定律，进而思考：行星为何绕着太阳而不脱离？为何行星距太阳近则运行快，距太阳远则运行慢？为何离太阳越远的行星运行周期离越长？牛顿认为它们的根本原因是太阳具有巨大无比的吸引力。

经过一系列的实验、观测和演算，牛顿发现太阳的引力与它巨大的质量密切相关。进而揭示了宇宙的普遍规律：凡物体都有吸引力；质量越大，吸引力也越大；间距越大，吸引力就越小。这就是经典力学中著名的“万有引力定律”。

善于思考的他并没有止步于此，他又进一步思考，比较了掉落中的苹果与掉落中的月亮，又有了新的发现，可测定太阳和行星的质量，确定轨道计算的法则，说明月亮和太阳的引力造成地球上的海洋潮汐现象，并推导出克服地球引力、飞向太阳系和飞出太阳系所需的最低速度，它们分别为每秒 7.9 千米、11.2 千米和 16.6 千米，并依次命名为第一、第二和第三宇宙速度。牛顿不但验证了前辈们的成果，而且为未来空间运载工具的最低推力或速度下限值，提供了精确而权威的科学依据。

后来他仍然不断思索着，在他的有生之年又得出了牛顿第一运动定律、牛顿第二运动定律和牛顿第三运动定律。第一定律说明了力的含义；第二定律指出了力的作用效果；第三定律揭示出力的本质。

难怪英国诗人波普为他写的碑铭说：“自然和自然的规律，都藏在黑暗的夜间；上帝说‘让牛顿降生’，使一切变得灿烂光明！”

善于思考使弱者变得强大，更使走投无路者绝处逢生。

俞敏洪领导的新东方教育科技集团目前在北京、上海、广州等地有十八所新东方学校，两家专业研究机构，五家子公司及北美分公司，俞敏洪先后获得中国最具影响力的50位商界领袖、中国民营经济十大人物等荣誉。有人说他是中国最富有的老师，有人说他是一个纯粹的商人，把这两个角色结合在一起，俞敏洪这条路却走得相当艰难。

1985年，俞敏洪北京大学西语系毕业后留在北大成了一名教师。在当时留学热潮影响下，俞敏洪也怦然心动，想尽办法为出国而奋斗。为此，俞敏洪到北大外面去兼课教书，后来又约几个同学一块儿出去办托福班，挣出国的学费。1990年秋天，因为打着学校的名头私自办学，北京大学给予了俞敏洪纪律处分。1991年，俞敏洪被迫辞去了北京大学英语教师的职务，生涯和前途似乎都到了暗无天日的地步。他在走投无路时彻夜难眠、反复思考、寻找人生的新路。正是这些折磨和思考使他找到了新的发展机会。尽管留学失利，俞敏洪却对出国考试和出国流程确越来越熟悉。离开北大后，俞敏洪开始在一个叫东方大学的民办学校办培训班。不久，他又在中关村第二小学租了间平房当教室，外面支一个桌子，放一把椅子，"东方大学英语培训班"正式成立。有了一定积蓄后，1993年，在一间10平米透风漏雨的小平房里，俞敏洪创办了北京新东方学校。俞敏洪说，最初成立新东方，只是为了使自己能够活下去，为了每天能多挣一点钱。作为一个男人，快到三十而立的年龄，连一本自己喜欢的书都买不起，连为老婆买条像样的裙子都做不到，整个家庭无家可归，连家徒四壁都谈不上，自己都觉得没脸活在世界上。新东方精神对他而言，是他生命中一连串铭心刻骨的故事：是在被北大处分后无泪的痛苦，是在被美国大学拒收后无尽的绝望，是在被其他培训机构恐吓后浑身的颤抖，是在被医生抢救过来后撕心裂肺的哭喊，更是在痛苦之后决不回头的努力，在绝望之后坚韧不拔的追求，在颤抖之后不屈不饶的勇气，在哭喊之后重新积聚的力量。正是这种绝望时的思考力量和不屈不挠精神，使新东方不断发展壮大。到今天，新东方已成为中国最大的私立教育服务机构，目前累计已有 300 万名学生参与新东方培训。

俞敏洪的成功，既是不畏艰难、自强不息的成功典范，更是他深思熟虑、选准事业路径的必然结果。他把握了中国改革开放出国留学大潮的大势，这是思想者选择的成功。

俞敏洪事业上的成功既是不畏艰难自强不息的成功典范，更是他深思熟虑选准事业路径的必然结果。他把握了中国改革开放出国留学的大趋势，这是思想者选择的成功。

那么，如果我们在年轻的时候就经常深度地剖析自己，了解自己的人生观、价值观，并开始努力地生活，会不会也能给自己一份别致的厚礼呢?

所以，无论遇到怎样的境遇都要记住，给自己留下思考的时间，一定会有不一样的结局。人生的改变从思考开始!

不思考未来是否就能换得快乐

有人认为，在我们生命里，少思考些未来，少一些忧虑，会令人更加快乐，事实上这是行不通的!

在我们的印象里，两种人总是特别地快乐与无忧无虑，那就是孩子与傻子。小孩子们不知道自己以后想干什么，因为他们根本就不懂得“以后”是什么意思。所以，他们对很多问题给出的答案常常令人啼笑皆非。

在微博上读过一个小故事：有一次作者开车载着儿子在等红绿灯时，看到一位中年男人模样的广告举牌员，站在路口压低帽沿，等红灯车子都停下时，他就把手上的牌子举高。

这时，作者的儿子问，为何同样是成年人，有的站在路口晒太阳，有的站在快餐店柜台，有的却站在百货公司里吹冷气？作者回答，这是很正常的事，每个人想站在哪里，会站在哪里，都是自己的选择。

选择？小孩子愣了一下又问，那么，为何路口那位先生不立刻就选择去快餐店上班，或是去百货公司吹冷气，同样是有钱赚啊。

故事讲到这里，我们都明白，作者所说的选择，不是他们现在的选择，而是他们半年前，甚至是三五年前的选择。所以说，孩子们只能想到事情现在的样子，而大人们则能够想到事情将来的进展。在从婴儿车向轮椅迈进的历程中，我们才渐渐了解什么是以后。

有人在生命即将结束时，才会追问自己内心的真实，对自己碌碌无为的一生充满懊悔。如果现在的你不对未来人生及早做出选择和规划，那么，未来的你就是随波逐流、独自懊悔的平庸人。

从生理学上讲，失去规划能力的大脑同样非常可怕。

《哈佛幸福课》这本书谈到了一个非常重要的词——

额叶。

人类的脑容量在200多万年的时间里飞速发展，增加了一倍还多，从1.25磅进化成了重达近3磅的智人的大脑，这其中叫额叶的部分长大了许多倍。这个新的脑部器官都干了些什么，值得人类的头骨如此大费周折地扩容来迁就它？

在20世纪30年代，一位叫安东尼奥·埃加斯·莫尼兹的葡萄牙医生找到了一种让情绪激动的精神病患者平静下来的方法——额叶切断术，这种手术利用化学和机械的手段破坏了额叶的部分组织。人们先是在猴子身上实验了这个手术，在手术前，如果有人把猴子的食物拿开的话，猴子会非常愤怒，但是，在手术后，对于这样的挑衅行为，猴子们却可以保持心平气和。莫尼兹在人类患者身上实施了这个手术，并且发现它同样可以起到平静情绪的作用（莫尼兹还因此获得了1949年度的诺贝尔医学奖），破坏额叶的某些组织已经成为在其他治疗方法无效的情况下治疗焦虑和抑郁的常规疗法。

不过，这只是关于额叶故事的开始。如果真是如此，那么大脑便没有必要把它一步步进化得越来越发达了。

再进一步研究，损害额叶的害处极其可怕。虽然通过手术对病人的额叶进行破坏之后，病人常常能够在常规的智商测试、记忆力测试以及类似测试中表现良好，但是在任何一种同制定计划有关的测试中，他们都表现出明显的问题。比如说，在做迷宫游戏或者在解决一些采取第一步之前要通盘考虑所有行动步骤的时候，额叶受到损伤的人的表现和正常人的表现相比就像个白痴。书中记载心理学家与一个叫NN

的大范围的额叶损伤病人的对话：

心理学家：明天你要做什么？

NN：我不知道。

心理学家：你还记得我的问题吗？

NN：是关于明天我干什么的吗？

心理学家：是的，能否请你描述一下在考虑这个问题的时候你的头脑正处于什么状态吗？

NN：一片空白，我猜……就好像它睡着了……就好像有个人让你到一个房间里去拿一把椅子，而你却发现房间里空无一物……就像在湖中央游泳，没有什么东西可以帮助你浮起来，你什么也抓不住，什么也做不了。

这种无法想象自己未来的情况是额叶受损病人的典型症状。他感觉自己同正常的成年人并没有多大区别，但是，看起来他没有办法体会时间的延伸……他好像生活在“永恒的现在”当中。一个人被永远囚禁在当下，永远都无法脱离现在的束缚，生活在一个没有尽头、没有以后的时空中，这是一个多么奇怪而又不真实的惩罚啊！

一位杰出的科学家是这样说的：“额叶损伤最常见的症状就是失去计划能力。只有额叶功能丧失的病人才会出现这种症状，而且，该症状同神经系统其他部分的病理损伤都没有关系。”现在，人们观察到了这两种现象——额叶某些部位的损伤能够让人平静下来，同时让他失去制定计划的能力，这就是最后的结论。

试想，如果我们陷入只看到现状的泥沼中，无法想象明天是什么样子，甚至不会为充满挑战和危机的明天去运筹计划时，该是多么可怕的事情，也许这是人生一切结果中最痛苦的一种囚禁。有计划性与不断思考未来的能力对我们来说十分重要！懂得思考并规划出属于我们自己的未来是真正幸福的源泉！

生涯规划意识的建立

每个人来到这个世界上，都有一个崇高的使命——在人生长河中遇见最好的自己。遇见最好的自己需要做三件事，第一是认识自己、规划自己；第二是体验自然、体验社会；第三是创造自己、升华自己。规划，是遇见最好自己的生命灯塔。

叫醒沉睡的自己

去医院看看重病或是将死之人吧，去养老院看看迟暮的老人们吧！你一定会有所触动，发现年轻的魅力。其实，为什么只有到了危及生命的时候我们才能想明白一些事情呢？如果能够尽早地努力生活、开始规划自我，是否更对得起我们自己？

要有勇于做最好的自己的欲望，要有一切皆有可能的胸怀

如果你能合理规划、执行得当，那么人生就会按着你希望的方向发展。

在这个充满个性与变化的时代，我们要的是生活而不是生存。不管你所处的环境如何，生涯规划意识的产生会使你慢慢变成思考的巨人，活出多彩的人生。不管你现在经历着什么，境况如何窘迫，你若有了勇于做最好的自己的欲望、有一切皆有可能的胸怀，你便会成为一个了不起的人！

褚时健是我十分佩服的一个人。新闻是以这样的题目报道他的：向死而生褚时健！他用他那巨大的力量扭转了命运之轮，身陷囹圄之后还能以古稀之年东山再起，从“红塔山”到“褚橙”，从“烟草大王”到“中国橙王”，令人赞叹。

褚时健本是红塔集团原董事长，曾经是有名的“中国烟草大王”。

早年，他担任一家小厂的厂长，卧薪尝胆，披荆斩棘，以非凡的胆识和能力，用18年光阴的拼搏，使这家小厂成长为每年利税数百亿元的大型集团。然而，由于体制原因，他对企业的巨大贡献并没有在个人所得上得到体现。18年来，他的总收入不过百万，个人收入的巨大落差使他心理严重不平衡，再加上缺乏有效的监督机制，他辉煌的人生之路偏离了航向。1999年，褚时健被判无期徒刑。此时，他已经是71岁的老人了。

自己身陷囹圄，他的女儿还在狱中自杀身亡，这对于一个七十多岁的老人来说，可谓是他这一生中摔得最惨的一跤。许多人为他惋惜，认为他这辈子完了。但是，出人意料的是，这位老人并没有垮掉，他先是获得减刑，进而改为有期徒刑17年，在监狱里待一年，劳改两年后，2002年他因为严重的糖尿病获批保外就医，回到家中居住养病，并且活动限制在老家一带。按照常规人生的设想，他能在老家颐养天年，这就是最好的结局了。

然而他并没有选择这样走下去，而是承包了2400亩的荒山，开种果园。这时，他已经是 75 岁高龄了。虽然他身体早已不如从前，但思维依然敏捷，运用好的管理机制、激励机制，在让周围村民幸福、快乐的时候，更成功经营了果园。

2012 年，褚时健种橙子的第十个年头，2400 亩“橙园”已经成为拥有 35 万株冰糖橙、固定资产 8000 万元、年利润 3000 万元、拥有完备道路规划和水利设施的现代农业示范基地。经过生鲜电商平台“本来生活”的社会化营销，“褚橙”挺进北上广，成为全国范围的励志象征，被称为“励志橙”。84 岁的褚时健则再次成为亿万富翁。

2014 年，褚时健当选《财富》（中文版）一年一度评选出的人物榜单“中国最具影响力的 50 位商界领袖”。

媒体记者问他：“你怎么评价自己的一生”？

他说道：“这个事应该由别人来说。我想，十个人评价，应该有八个人是公道的嘛。但有一点，我在做事的时候，不怕自己吃亏，怕别人吃亏，这是我的优点，我的心态是不计较社会对我的不公平。”

“跌得越低，反弹力越大”“人生没有顶峰”这些都是褚时健的名言。连王石都感慨地说：“我非常受启发。褚时健居然承包了 2000 多亩地种橙子。橙子挂果要 6 年，他那时已经75岁了。你想象一下，一个75岁的老人，戴一个大墨镜，穿着破圆领衫，兴致勃勃地跟我谈论橙子挂果是什么情景。2000 多亩橙园和当地的村寨结合起来，带有扶贫的性质，而且环保。虽然他境况不佳，但他作为企业家的胸怀呼之欲出。我当时就想，如果我遇到他那样的挫折、到了他那个年纪，我会想什么？我知道，我一定不会像他那样勇敢。”

学学这些思维方式，你的改变即将开始

质疑思维，尽信书不如无书

我的人生应该怎样过？父母、长辈的话都对吗？我应该怎样更多尝试来更好地知道自己喜欢什么？擅长什么？

逆向思维

可以从两方面来理解：一是反其道而行之，它是对司空见惯的似乎已成定论的事物或观点反过来思考的一种思维方式。

最简单的例子就是司马光砸缸。有人落水，常规的思维模式是“救人离水”。而司马光年幼个小，面对紧急险情，他运用了逆向思维，果断地用石头把缸砸破，“让水离人”，救了小伙伴性命。

在创造发明的路上，更需要逆向思维，逆向思维可以创造出许多意想不到的人间奇迹。洗衣机的脱水缸，它的转轴是软的，用手轻轻一推，脱水缸就东倒西歪。可是脱水缸在高速旋转时，却非常平稳，脱水效果很好。当初设计时，为了解决脱水缸的颤抖和由此产生的噪声问题，工程技术人员想了许多办法。先加粗转轴，无效，后加硬转轴，仍然无效。最后，他们来了个逆向思维，弃硬就软，用软轴代替了硬轴，成功地解决了颤抖和噪声两大问题。

另一种逆向思维就是你可以想想成功的你是什么样的，如何一步步走向成功。这将是一件比描绘蓝图与愿景更加美妙的事情。有些人整日活得浑浑噩噩，也有些人有目标却无法坚持，其实你可以尝试一种做法：充满自信的写出

你自己这一生至终点时想要成为什么样的一个人，以此为目标，向回反推，那么慢慢地，你便能清楚地知道自己该怎么做。

举个简单的例子，如果你想这周末聚会，那么你就要提前几天定场地、提前几天邀人参加，这样才能组织一场成功的聚会。对比大家也都应深有体验。如果将此做法运用到生涯规划中将发挥无比巨大的作用。当你转换思维方式，会让你有更大的激情面对每一次努力。

帕瓦罗蒂思维：你只能选择一把椅子坐

有人曾向世界歌坛的超级巨星卢卡诺·帕瓦罗蒂请教成功秘诀，他每次都提到自己父亲的一句话。从师范院校毕业之后，痴迷音乐的帕瓦罗蒂问父亲："我是当教师，还是做个歌唱家"？其父回答说，"如果你想同时坐在两把椅子上，你可能会从椅子中间掉下去，生活要求你只能选一把椅子坐上去"。

这个道理也可以比喻为瓶子里装了红酒就不能再装酱油。当然有很多成功人士在很多方面都很成功，原因是这部分人找到了适合自己的方向并将所积累的资源扩大。但只选择一把椅子坐，为我们的生涯规划提供了一种思路。如果你的性格更加适合在某一方面钻研的话，那么，你就不难成为这个领域的专家。心无旁骛地选择一个自己选定的方向奋斗，会增大成功的概率。

动态思维：唯一不变的就是变化

动态思维是用一种变化发展的眼光看世界，唯物辩证法的基础就是世界上唯一不变的事物就是变化。生涯规划是对未来的一种指引，但未来尤其是在这个时代，处处充斥着巨大的变化。所以，生涯规划也需要适应世界的变化，把握内心的渴盼，与时俱进进行调整。

变通思维：条条大路通罗马

发现问题、找准方向、及时调整、变通处理、赢得成功。

在生涯规划的决策过程中，也强调了调整的重要性。但这个调整和人生追求的大方向是一致的。

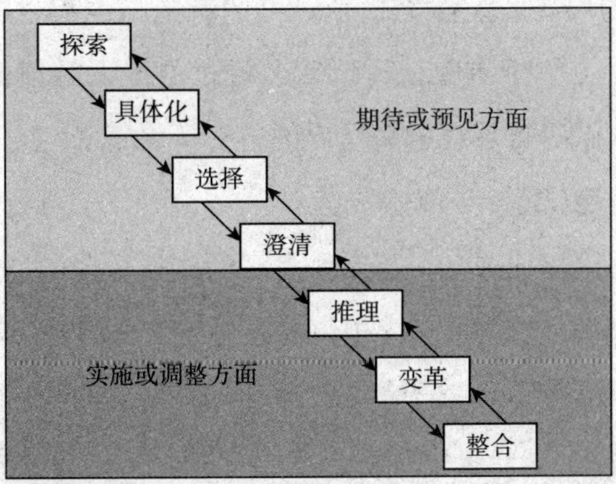

佛罗伦斯思维：目标必须看得见

生涯设计也应该为自己设计多个阶段的多个计划。这样才能更好地实践，迈向成功。很多孩子说我将来想成为老师，我将来想成为医生，这是美好的愿望，然而他更需要制定一个个清晰的目标。梦想不是一蹴而就的，这是大多数人都知道的道理，然而我们常常忘记为自己制定多一些的可分解的、容易完成的阶段目标来鞭策我们。火箭腾空需要巨大的推力，其实我们也很需要这股力量。只要不是一时兴起的想法，人生目标越清晰，步骤分解越细致，越容易通过努力将目标变成现实。

史泰龙思维：成功源于坚持

美国电影巨星史泰龙十几年前异常落魄，身上只剩下了100美元，连房子也租不起，只能睡在金龟车里。但他立志要当演员，并非常自信地到纽约的电影公司应聘。

当时纽约有500家电影公司，都因外貌平平及咬字不清而拒绝了他。他随后对这500家电影公司又进行了第二轮、第三轮的拜访，但都失败了。可他就是不退缩，进行了第四轮拜访，终于有家公司同意开拍他的电影并请他担任男主角，这就是日后红遍全世界的电影《洛奇》。在他成功之前，被拒绝了近1850次。

要想让事业成功，还要做到对所选择行业的“专精”。著名心理学家安德斯·埃里克森说过“很多特质以前被认为是天分，但实际上它们是至少10年的高强度练习的结果”。

《驱动力》一书中提到过这样一项研究：每年夏天都有约1200名青年男女来到位于西点的美国军事学院开始为期4年的学习，希望在传说的“长灰列”（long gray line）中找到自己的位置。但是他们还没来得及见到教室，就得先经历为期7周的“军校新生入伍训练”，它还有个别名是“野兽营房”。夏天结束的时候，这群柔弱而有才华的年轻人中有1/20的人已经退学了。一群学者想要弄清楚为什么一些学生在军事的专精之路上选择继续走下去，而另一些则在第一个出口就离开了。这些学者有两个来自西点军校，一个来自宾夕法尼亚大学，还有一个来自密歇根大学。是体力的原因吗？还是因为运动天分？或者是智力？领导能力？还是全面发展能力？

这些答案都不对。这些研究人员发现，最能精确预测准新生是否成功的，是“坚毅”这项既非智力也非体力的特征，其定义是“对长期目标的坚持和热情”。

里根思维：担当起属于自己的责任

这要从一个故事说起。1920 年，一位美国小男孩在踢足球时，不小心踢碎了邻居家的玻璃。邻居怒气冲冲地过来要求索赔 12.5 美元。这位闯了祸的男孩诚实地向父亲承认了错误。男孩的父亲让他对自己的过失负责，可是小男孩为难地说：“我没钱赔给人家。”这时，父亲说：“我先借给你。这笔钱，你一年后再还我。”

从此，这位男孩每逢周末、假日便外出辛勤打工。经过半年的努力，他终于挣足了 12.5 美元还给了父亲。

这个男孩就是后来成为美国总统的里根。他在回忆这件事时说，父亲要我通过自己的劳动来承担过失这件事，使我懂得了什么叫责任。

拥有了责任，其实就是增加了生命的厚度和重量。懂得对自己的人生进行规划与思考，就是对自己人生的负责。当你开始有了责任意识，开始对自己负责时，你就会向前看，看自己下一步怎么走，你会一路成长很多，学习很多。但如果你没有责任意识，害怕担责任，你就会止步不前或盯着过去，长吁短叹却无能为力。

很多时候，面对选择时，你会发现负面情绪比正面情绪更有诱惑力：推诿可以减轻压力；悔恨可以使我们不用立刻直面人生；纠结于眼前就可以假装看不见那些更大的人生难题。但从长远来看，保证你会后悔，这也使我们变得越来越怯懦，越来越没有勇气！

还有很多好的思维方式都为我们做事起到很好的借鉴作用。如高尔基思维“目标越高，人的进步越大”。这也就是小时候家长常说的“取法乎上，仅得其中；取法乎中，仅得其下。”人一定要有一个高远的目标，才能鞭策自己走下去。超前思维可以帮助我们早走一步奠定优势；发散思维找机会让自己来场头脑风暴。不禁想起年少做习题集时老师推荐的《发散思维大课堂》，做数学题都要学会多向性、变通性和创造性，学会举一反三、触类旁通，我们在生涯规划及管理的过程中也要学会这样的思维。

托马斯·科里花了五年时间研究了 177 位自力更生的百万富翁的日常习惯，他惊奇地发现：“思考是他们成功的关键”，富人倾向于在早晨独立思考至少 15 分钟。“他们每天早上头脑中思考很多事情”，思考的范围既包括事业和财务，也包括健康和慈善。他们经常会问自己这样的问题：“我怎么做才能赚更多钱？我的工作让我开心吗？我的锻炼时间足够吗？我还可以参与哪些慈善活动？”每天坚持对有价值的事情思考是使他们成为百万富翁的重要习惯。什么是理想？理它、想它才是理想，才能实现！

第四章
来一场发现自我的旅行

只有当你清晰地认识自己的擅长领域、价值选择、内心需求、强项和不足时，才能对自己有合理的定位，才会对自己未来的人生有明确而准确的判断和规划。

有一则笑话：一位解差押解和尚赴府城，住店时和尚借机把他灌醉，把他的头剃光，然后逃走了，解差醒后发现少了一人，大吃一惊，继而一摸光头转惊为喜，“幸而和尚还在”，可随即他又困惑不解：“那我在哪里呢”？

一个理智正常的人，不会闹出“我在哪里”的笑话。然而要真正认识“自我”，却不是一件容易的事。

认识自己很重要，只有充分认识了自己，人生会更加自由、丰盈、圆满。据“华人心理治疗基金会”执行长王浩威观察，中、高阶层的专业经理人，已太熟练观察别人，但是却鲜少观察自己，当现实与认知出现偏差时，就会出现很大的心理落差。

自知者自明，然后才能自律者自成，自盛者自强，自励者自恒。人，贵在自知。在认识自我的过程中，要自信，不能妄自菲薄；会自省，不断实现自我成长。

趁着年轻，好好想一想自己想要的生活吧

“如果我拿七千万给你，而只要求你从此以后不再换工作，也就是说放弃转职的权利，你愿意跟我做这项交易吗？”中国台湾104人力银行董事长杨基宽在演讲中不时会提到这样的例子，提醒工作者“不要试着寻找成功，试着寻找自己的意义”。大部分的人一生默默无闻，往往是因为太过主观，认为自己应该做什么，而没有反过来去思考，自己原来是什么样的人。

趁着我们还有好的身体来支撑梦想的时候，好好想想，我们想要的到底是什么？有多少人不知道自己想要什么而过了一辈子!

来一场发现自我的旅行吧!

通过下面的内容，让我们来更好地了解自己，和自己成为最好的朋友!

认识自我旅行之一——一场和自己的对话

自我反省能帮助我们保持清醒的头脑，让我们时刻记得我们从哪儿来，要到哪儿去。经常自我反省对坚持我们梦想和目标有极大的促进作用。其实，我们才是最了解自己的人，可以经常通过问自己一些问题来更清楚地认识自己。

在安静的环境中，你可以试着问自己以下问题，并将你的作答写在纸上：

如果你有机会将一则信息散播给许多人，你会传递什么信息呢？

如果你知道没人会评价你的行为，你会做什么不同的事呢？

你还在坚持那些你本该放弃的事吗？

你最近做过什么值得记住的事吗？

当你比现在的年龄老十岁或二十岁时，什么将会成为你生命中最重要的事？

你常常提出问题吗？还是你对自己知识储备已经颇为满意？

你会为自己所拥有的一切而庆幸吗？

当你取得成就并告诉别人时，你会夸大其词吗？

你上次尝试新事物是什么时候？

做什么事会让你忘记时间的流逝？

如果你的人生可以重新来过，你会改变什么吗？

生活和生存的差别在哪儿？

如果你必须当老师的话，你会教什么？

时间和金钱，你选哪一个？

是什么使你微笑？

试着问问自己这些问题，看看你的答案，也许你会发现一个更加真实的自己。

认识自我旅行之二——通过别人这面镜子看自己

所谓“当事者迷，旁观者清”，宋代诗人苏东坡诗句：“不识庐山真面目，只缘身在此山中”。也就是说，人们可能太过自信，认为“自我”这个犹如自己手中的东西，最不需要琢磨；从某种意义上讲，认识“自我”比认识客观现实要困难得多。正因为此，社会心理学家将人们这种难以正确认识“自我”的心理现象称之为“苏东坡效应”。

我们可以通过他人来更好地了解自己。

这些人可以包括父母、长辈、老师、同学、同事、朋友，甚至是陌生人。父母长辈的期许与意见，老师同学的反映与评价，同事朋友的议论与态度，都帮助我们为自己勾勒出一幅自画像。

古语云：“以铜为镜，可以正冠，以人为镜，可以明得失”。也可以通过与自己条件相似的人进行比较来完善自我。社会比较（social comparison），这是一个社会心理学名词，指的是个体就自己的信念、态度、意见等与其他人的信念、态度、意见等做比较。但是，在进行社会比较的过程中，适当的背景因素是不可缺少的，因为，只有当有关的背景因素相当时，比较出来的结果才有意义。

认识自我旅行之三——发现全新的自我

性格（人格）测试

虽然从心理学的角度上来讲，性格（character）全然不同于人格（personality），但我们日常交流中所谈论的性格的含义，实际上是指心理学上的人格的概念。心理学家对人格的心理学含义尽管存在众多不同的看法，但在通常意义上是指一个人相对稳定的心理特征和行为倾向。在这种意义上说，人格就是中国人通常所理解的性格。正因为如此，有的研究者为了避免理解上的混乱，主张将心理学上的Personality翻译成“性格”。所以，性格测试，也即是人格测试，也可以称为人格测量。

人格特质对一个人的工作绩效影响很大，它是人所具有的与他人相区别的独特而稳定的思维方式和行为风格。

A/B 型性格测试是一种对人格的简单分类及测试，比较容易操作。

以下是一套 A 型、B 型性格测试试题，可以按照以下说明进行测试。这套测试共 25 个题目，请对每一个题目做出判断。如果该项题目反映的内容符合你的情况，请回答“是”，否则回答“否”。

你说话时会刻意加重关键字的语气吗？

你吃饭和走路时都很急促吗？

你认为孩子自幼就该养成与人竞争的习惯吗？

当别人慢条斯理做事时你会感到不耐烦吗？

当别人向你解说事情时你会催他赶快说完吗？

在路上挤车或餐馆排队时你会被激怒吗？

聆听别人谈话时你会一直想你自己的问题吗？

你会一边吃饭一边写笔记或一边开车一边刮胡子吗？

你会在休假之前赶完预定的一切工作吗？

与别人闲谈时你总是提到自己关心的事吗？

让你停下工作休息一会儿时你会觉得浪费了时间吗？

你是否觉得全心投入工作而无暇欣赏周围的美景？

你是否觉得宁可务实而不愿从事创新或改革的事？

你是否尝试在有限的时间内做出更多的事？

与别人有约时你是否绝对守时？

表达意见时你是否握紧拳头以加强语气？

你是否有信心再提升你的工作绩效？

你是否觉得有些事等着你立刻去完成？

你是否觉得对自己的工作效率一直不满意？

你是否觉得与人竞争时非赢不可？

你是否经常打断别人的话？

看见别人迟到时你是否会生气？

用餐时你是否一吃完就立刻离席？

你是否经常有匆匆忙忙的感觉？

你是否对自己近来的表现不满意？

记分说明：如果你有一半以上的题目回答“是”，那么你就有A型倾向了，“是”越多，倾向越明显。反之则是B型倾向。

心理学家用大量的研究证明：性格特点与疾病之间有着紧密的联系。

A型性格的特点是：性格急躁，没有耐心；争强好胜，求胜心切，追求成就，有很强的事业心；动作敏捷；时间观念强；情绪容易波动；对人有戒心；缺少运动。

B型性格的特点是：性情随和，不喜欢与人争斗；生活方式悠闲自在，不争名利，对成败得失看得较淡，不太在意成就的大小，对工作生活较容易满足；工作生活从容不迫，有条不紊；时间观念不是特别强。

医学研究发现A型性格者心脏病的发病率是B型性格的2倍。尽管对健康有些不利影响，但A型性格的人大可不必

“杞人忧天”，只要对自己的生活做出一些调整，如在时间计划中多给自己留有余地，以便处理突发事件；休息前尽量完成所有的工作，以便轻松自在地游玩；尽量避免排队或做日常琐事等。这样，尽量使自己的行为变成适应性强、压力较小的方式，就可以有效地保护自己的健康。

关于性格的测试还有很多种，在很多网站上都有免费的在线测试。一般的测试网站，不只可以告诉你性格类型倾向，还会提供相匹配的职业。

下面简单地将几种性格测试的名称及主要内容简析如下，感兴趣的话可以登录网站自己测试。

1. 明尼苏达多项人格测验

简称 MMPI，是现今国外最流行的人格测验之一，此量表是由美国明尼苏达大学教授 S.R.Hathaway 和 J.C.Mckinley 合作编制的。该量表的内容包括健康状态、情绪反应、社会态度、心身性症状、家庭婚姻问题等 26 类题目，可鉴别强迫症、偏执狂、精神分裂症、抑郁性精神病等。

2. 卡特尔 16 种人格因素量表

简称 16PF，是美国伊利诺州立大学人格及能力测验研究所卡特尔教授（R. B. Cattell）经过几十年的系统观察和科学实验，以及用因素分析统计法慎重确定和编制而成的一种精确的测验。这一测验能以约 45 分钟的时间测量出 16 种主要人格特征，凡具有相当于初三以上文化程度的人都可以使用。

这一测验在国际上颇有影响，具有较高的效度和信度，广泛应用于人格测评、人才选拔、心理咨询和职业咨询等工作领域。

3.MBTI 性格类型测试

MBTI 性格理论始于著名心理学家荣格的心理类型的学说，后经美国的 Katharine Cook Briggs 与 Isabel Briggs Myers 深入研究而发展成型。目前它已被翻译成十多种文字。近年来，全世界每年有 200 多万人次接受 MBTI 测试。据统计，世界前一百强公司中有 89% 的公司引入使用 MBTI 作为员工和管理层自我发展、改善沟通、提升组织绩效的重要方法。

4.DISC 性格测试

DISC 理论由美国心理学家威廉·莫尔顿·马斯顿博士（Dr. William Moulton Marston）在 1921 年的著作《常人的情绪》中提出。DISC 理论对不同的年龄、性别、种族、国别的人们均适用，已经成为人类共同的性格语言。迄今为止，有多家公司根据 DISC 理论开发出相应的 DISC 性格测试，并广泛应用于政府、军队和企业。迄今为止已经有超过八千万人做过 DISC 测试。由于 DISC 测试施测的简便性以及测试结果使用的便利性，DISC 测试受到企业界的热烈欢迎，成为影响力不亚于 MBTI 测试的常用性格测试。DISC 性格测试主要从指挥者（D）、社交者（I）、支持者（S）和修正者（C）四个主维度特质对个体进行描绘，揭示个体激励因素、沟通方式、决策风格、能力特长、抗压能力等特质。目前广泛用于企业招聘、选拔、培训、团队建设、管理沟通，也用于个人提升潜能、解决人际冲突、增强幸福感等。

兴趣测试

心理学家霍兰德说过一句话“虽然我们做了几十年的研究，但预测个人职业选择最有效的方法，却是询问这个人自己想做什么”。由此可见，兴趣对于一个人的意义之大。

至今对生涯指导影响比较大且有配套兴趣量表的，当属美国心理学家、职业指导专家霍兰德的相关理论。从个人择业方面来说，职业兴趣测验是帮助人们明确自己的主观倾向，从而能得到最适宜的活动情景并给予最大的能力投入。

以下是一个比较简单的岛屿测试：

恭喜你！你获得了一次免费旅游的机会，有机会去下列六个岛屿中的一个。唯一的要求是你必须在这个岛上待满至少一年的时间。请不要考虑其他因素，仅凭自己的兴趣按一、二、三的顺序挑出你最想前往的 3 个岛屿。

R: 自然原始的岛屿。岛上自然生态保持得很好，有各种野生动物。居民以手工见长，自己种植花果蔬菜、修缮房屋、打造器物、制作工具，喜欢户外运动。

I: 深思冥想的岛屿。有多处天文馆。居民喜欢观察、学习，崇尚和追求真知，常有机会和来自各地的哲学家、科学家、心理学家等交换心得。

A：美丽浪漫的岛屿。布满了美术馆、音乐厅，街头雕塑和街边艺人，弥漫着浓厚的艺术文化气息。居民保留了传统的舞蹈、音乐与绘画，许多文化界的朋友都喜欢来这里找寻灵感。

C: 现代、井然的岛屿。岛上建筑十分现代化，是先进的都市形态，以完善的户政管理、地政管理、金融管理见长。岛民个性冷静保守，处事有条不紊，善于组织规划，细心、高效。

E: 显赫富庶的岛屿。居民善于企业经营和贸易，能言善道。经济高度发展，处处是高级饭店、俱乐部、高尔夫球场。来往者多是企业家、经理人、政治家、律师等。

S: 友善亲切的岛屿。居民个性温和、友善、乐于助人，社区均自成一个密切互动的服务网站，人们重视互助合作，重视教育，关怀他人，充满人文气息。

将这三个字母依次排序便得出了你的职业代码，大家可以在下表中进行查找作为参考。

兴趣组合	职业名称	职业类别	领域	职位层级
ACI	图书馆管理员	管理员	教育	技术员工
AER	艺术指导	艺术指导	戏剧表演	艺术指导
	设计师（服装 / 平面 / 室内）	设计师	艺术设计	设计师
	平面设计师	设计师	艺术设计	设计师
	室内设计师	设计师	艺术设计	设计师
AES	广告经理	经理	市场营销	管理人员
	表演歌手	歌手	戏剧表演	歌手
	作曲家	艺术家	戏剧表演	艺术家
	演员	演员	戏剧表演	演员
	制片人	制片人	戏剧表演	制片人
	导演	导演	制造加工	高级技术员工
AES	广告文案	广告人员	市场营销	广告人员
	漫画家	艺术家	艺术设计	艺术家

续表

兴趣组合	职业名称	职业类别	领域	职位层级
AIE	新闻记者	记者	媒体	记者
AIS	技术性作家	作家	媒体	作家
ARE	陈列设计师	设计师	艺术设计	设计师
	专业摄影师	摄影师	戏剧表演	摄影师
	摄影师	摄影师	媒体	摄影师
ARI	画家	艺术家	艺术设计	艺术家
	场景设计师	设计师	戏剧表演	设计师
	科学摄影师	摄影师	媒体	摄影师
ARS	产品设计师	设计师	艺术设计	设计师
	素描画家	艺术家	艺术设计	艺术家
ASE	广播电视播音员	播音员	媒体	播音员
	音乐指挥	艺术家	戏剧表演	艺术家
	编辑	编辑	媒体	编辑
ASI	艺术教师	大学教师	教育	教师
	语言教师	大学教师	教育	教师
	翻译	翻译	媒体	翻译
ASR	舞蹈演员	演员	戏剧表演	演员
CEI	预算分析师	顾问	财务	顾问
	审计师	顾问	咨询	顾问
	精算师	精算师	保险	顾问
	会计	会计	财务	员工
CRE	仓库管理员	管理员	物流	员工
	机场控制中心主管	主管	交通运输	管理人员
CRI	工程测量人员	测量人员	建筑工程	技术人员
	建筑监理	监理	建筑工程	管理人员
CRS	邮递员	邮递员	邮电服务	员工
	电话总机接线员	接线员	行政后勤	员工
CSR	设备工程师	工程师	制造加工	技术人员
EAS	公关顾问	顾问	咨询	顾问

续表

兴趣组合	职业名称	职业类别	领域	职位层级
ECR	经理（物流 / 仓储）	经理	物流	管理人员
	生产经理	经理	制造加工	管理人员
	HR 主管（福利 / 培训 / 招聘）	经理	人力资源	管理人员
	旅游代理人	代理人	旅游休闲	代理人
	保险销售员	销售员	保险	销售人员
EIC	工业工程师	工程师	制造加工	技术员工
EIS	保险理赔人员	保险人员	保险	普通员工
ERC	生产线线长	主管	制造加工	基层管理人员
	建筑项目经理	经理	建筑工程	管理人员
	司机管理员	主管	交通运输	基层管理人员
	维修主管	主管	客户服务	管理人员
ERI	销售工程师	工程师	市场营销	技术员工
ERS	教练	教练	体育	教练
	产品演示人员	销售员	市场营销	销售人员
	精密设备销售人员	销售员	市场营销	销售人员
ESA	经纪人	经纪人	个人服务	经纪人
ESC	HR 经理	经理	人力资源	管理人员
ESI	法官	法官	法律	法官
ESR	警察	警察	社会安全	警察
	医疗设备销售员	销售员	市场营销	销售人员
	零售人员	销售员	市场营销	销售人员
	官员	官员	X	管理人员
	首席执行官	执行官	管理运营	高层管理人员
	经理（销售 / 市场 / 客户服务）	经理	市场营销	管理人员
	经理（行政）	经理	行政后勤	管理人员
	经理（财务）	经理	财务	销售人员
	会务人员	会务人员	行政后勤	员工
	电话销售员	销售员	市场营销	销售人员
ICA	数学家	科学家	科学研究	科学家

续表

兴趣组合	职业名称	职业类别	领域	职位层级
ICE	HR 顾问	顾问	管理	顾问
	财务分析师	顾问	财务	
ICR	技术支持工程师	工程师	IT 技术 / 设计	技术员工
	统计学家	科学家	科学研究	科学家
	系统分析师	顾问	IT 技术 / 设计	顾问
	工业工程技术人员	技术员	制造加工	技术员工
	药剂师	医务人员	医疗	医务人员
IEC	管理顾问	顾问	咨询	顾问
	计算机安全工程师	工程师	IT 技术 / 设计	技术员工
IES	营养专家	顾问	服务	顾问
IRA	材料工程师	工程师	材料科学	高级技术员工
	生物工程师	工程师	生命科学	高级技术员工
IRC	计算机程序员	工程师	IT 技术 / 设计	技术员工
	IT 实施工程师	工程师	IT 技术 / 设计	技术员工
	计算机安全专家	顾问	IT 技术 / 设计	顾问
	化学工程师	工程师	能源 / 化工	技术员工
	电子工程师	工程师	电子电器	技术员工
IRE	网络工程师	工程师	IT 技术 / 设计	技术员工
IRS	外科医生	医生	医疗	高级医务人员
	牙医	医生	医疗	高级医务人员
ISA	临床助理	医生助理	医疗	技术员工
	生命科学教师	大学教师	教育	教师
	保健教师	教师	教育	教师
RAC	建筑制图员	技术人员	建筑工程	基层员工
	玻璃雕刻师	工艺员工	艺术设计	技术员工
	装订员	操作人员	印刷 / 包装	基层员工
RAI	建筑师	工程师	建筑工程	高级技术员工
	音响师	操作人员	媒体 / 娱乐	高级技术员工

续表

兴趣组合	职业名称	职业类别	领域	职位层级
RCE	制版员	操作人员	印刷包装	基层员工
	食品加工工人	操作人员	食品	基层员工
	通讯设备安装人员	技术员	信息通讯	技术员工
	商业设备安装人员	技术员	IT 技术 / 技术	技术员工
	裁判	裁判	体育	体育人员
RCI	制图工程师（电子）	工程师	电子电器	技术员工
	制图工程师（机械）	工程师	机械自动化	技术员工
	机械测量人员	技术员	机械自动化	技术员工
	精密制造（加工）操作员	操作人员	制造加工	技术员工
	制造系统维护员	操作人员	制造加工	技术员工
	数控设备程序员	工程师	制造加工	高级技术员工
	机械设备（含汽车）维修人员	技术员	机械自动化	技术员工
	电子电器（含计算机）维修人员	技术员	电子电器	技术员工
REC	轮船工程师	工程师	交通运输	技术员工
	船长	船长	交通运输	管理层
	列车长	列车长	交通运输	管理层
REI	客机飞行员	技术人员	交通运输	技术员工
RIC	计算机硬件工程师	工程师	IT 技术 / 设计	技术员工
	电气工程师	工程师	工程类	技术员工
	海洋工程师	工程师	工程类	技术员工
	机械工程师	工程师	工程类	技术员工
	电子电器技工	技术工人	工程类 / 生产类	技术员工
	机械装配员	生产人员	制造	基层技术员工
	机械技师	技师	制造	技术员工
	飞机维护员	技师	交通	技术员工
	系统软件工程师	工程师	IT 技术 / 设计	高级技术员工
	土木工程师	工程师	建筑工程	技术员工

续表

兴趣组合	职业名称	职业类别	领域	职位层级
RSE	消防员	公共安全人员	公共事务	基层员工
SAE	职业咨询师	顾问	个人服务	顾问
	商业教师	大学教师	教育	教师
	播音员	播音员	媒体	播音员
SAI	幼儿教师	幼儿教师	教育	教师
SEA	学校辅导员	顾问	个人服务	顾问
SEC	个人理财顾问	顾问	个人服务	顾问
	培训发展顾问	顾问	企业服务	顾问
SEI	中小学校长	校长	教育	校长
	职业健康专家	顾问	企业服务	顾问
SIA	心理咨询师	顾问	个人服务	顾问
	小学教师	小学教师	教育	教师
	经济学教师	大学教师	教育	教师
SIC	助教	大学老师	教育	教师
SIR	护士	护士	医疗	医务人员
SRI	体能教练	教练	体育	教练
	理疗医生	医生	医疗	高级医务人员
	食疗专家	顾问	个人服务	顾问

以上给出了部分组合的兴趣代码，把前三位的字母依次排列便得出了你的兴趣代码。当然每个人的兴趣是多样的，在生活中也并非一定要选择与自己兴趣完全对应的职业环境。这个兴趣测试帮助你找寻合适的行业，而后文的职业锚测试则帮你寻找岗位方向。

能力测试

多元智能（multiple quotient），有关理论于 1983 年由哈

佛大学心理发展学家霍华德·加德纳提出。他认为过去对智力的定义过于狭窄，未能正确反映一个人的真实能力。人类的智能至少应包括冒险智商、创意智商、身体运动智商、视觉空间智商、音乐旋律智商、自然博物智商、智力智商、情绪智商、语言文字智商、自我内省智商、数学逻辑智商、人际关系智商几大维度。

多元智能理论认为传统的偏重智力商数（IQ）的教育理论，会造成许多学生失去自信。根据多元智能的理论，一个人聪明与否，不但体现在学业，还有八种智能可用于评定一个人的成就。智能是一种人性整合的生活操作模式，是解决问题或创造的能力，而非只侧重智力商数。智能并不是与生俱来，每个人都有能力改进且扩展自己智能。每个人的智能都是多元的，并有自己独特的智能组合。

这一理论告诉我们人人皆有无限的潜能与可能，未来更是行行出状元的时代。只要从孩子的强项智能引导孩子，都能令孩子有成就感，从而达到自我悦纳、自我肯定、自我实现，人生也就绽放光芒了。统整知识、应用信息在未来将是更重要的能力。

能力倾向测试，也称能力测试，主要用来测试受测者较稳定的、表现在认知能力方面的心理特质，体现人在外部环境影响下，较不易改变的那些认知特点，如人的观察力、注意力、记忆力、理解力、抽象思维能力、判断推理能力等，在挑选企业经营管理者时常用到这种形式。

按内容能力测试可分为一般能力倾向测验、特殊职业能力测验、创造力测验和心理运动机能测验等。

一般能力倾向测验主要测量思维力、想象力、记忆力、推理力、分析力、数学能力、空间关系力、语言能力等，典型方法有一般能力倾向测验（GATB）、区分性能力倾向测验（DAT）。

特殊职业能力测验主要测量独特于某一职业的能力，典型方法有明尼苏达办事员能力测验、斯奈伦视力测验、西肖音乐能力测验、梅尔美术判断测验、飞行能力测验。

创造力测验主要测量各种创新思维能力，典型方法有南加利福尼亚大学测验、托兰斯创造思维测验、芝加哥大学创造力测验等。

心理运动机能测验主要测量心理运动能力、身体能力，典型的方法有本纳特机械理解测验、克劳福小零件灵巧测验、明尼苏达操作速度测验、明尼苏达空间关系测验、明尼苏达秘书测验、明尼苏达集合测验、施旦贵斯机械性能测验、麦夸里机械能力测验、普渡插捧板测验、奥卡挪手指灵活性测验等。

在很多心理测试的网站上都有类似的测试题目，最后都会根据你的测试给出相应的结果。

技能测试

可以用 EUREKA 技能问卷帮助你确定你现在拥有的技能，并弄清你工作中最喜欢使用的技能，可以通过网站进行测试。

下面这个职业能力自测问卷可以帮助你了解自己现有各种能力情况，为我们的求职和实现职业目标服务，操作比较简单。

研究表明：人的最基本活动最能准确地衡量人的基本能力。下列各题都是从你的实际情况出发，来反映你的某一方面能力的。请根据自己的实际情况，对您的这些活动作出评价。

第一组

1. 善于表达自己的观点

2. 阅读速度快，并能抓住中心内容

3. 清楚地向别人解释难懂的概念

4. 对文章的字、词、段落的理解、分析和综合的能力

5. 掌握词汇量的程度

6. 您读书期间的语文成绩

第二组

1. 目测能力（如测量长、宽、高等）

2. 解应用题的速度

3. 笔算能力

4. 心算能力

5. 使用工具（如计数器、算盘等）的计算能力

6. 您读书期间的数学成绩

第三组

1. 作图能力

2. 画三维度的立体图形

3. 看几何图形的立体感

4. 想象盒子展开后的平面形状

5. 想象立体物体的能力

6. 玩拼板的能力

第四组

1. 发现相似图形中的细微差别

2. 识别物体的形状差异

3. 注意到多数人所忽视的物体的细节部分

4. 检查物体的细节

5. 观察图形是否正确

6. 善于改正计算机的错误

第五组

1. 快而准确地抄写资料（如姓名、日期、电话号码等）

2. 发现错别字

3. 发现计算错误

4. 发现图表中的细小错误

5. 在图书馆很快地查找编码卡片

6. 持久工作的能力（如较长时间地抄写资料）

第六组

1. 操作机器的能力

2. 玩电子游戏或瞄准打靶

3. 运动中的身体协调性

4. 打球的姿势和水平

5. 手指的协调性（如打字、珠算等）

6. 身体平衡的能力（如走平衡木等）

第七组

1. 灵巧地使用收割工具（如锤子等）

2. 灵巧地使用很小的工具（如镊子）

3. 弹乐器时手指的灵活度

4. 动手做一件小手工艺品

5. 很快地削水果（如苹果、梨子等）

6. 修理、装配、编织、缝补一类活动

第八组

1. 善于在陌生场合发表自己的意见

2. 去新场所并结交新朋友

3. 口头表达能力

4. 善于与人友好交往并协同工作

5. 善于帮助别人

6. 擅长做别人的思想工作

第九组

1. 善于组织集体活动

2. 在集体活动或学习中，经常过心他人的情况

3. 在日常活动中能经常动脑筋、出点子

4. 冷静地果断地处理突然发生的事情

5. 在工作中自己的能力

6. 善于解决朋友或同事之间的矛盾

请统计你每组回答“是”的次数，回答“是”次数最高的一组或两组代表你做相应工作的能力较强，反之则否。

第一组——您具有对词、句子、段落、篇章的理解能力，以及善于清楚而正确地表达自己的观念和向别人介绍信息的能力。您最适宜从事的职业有外销员、商务师、推销员、导游、演员、导演、编辑、播音员、节目主持人、教师、律师、审判员等。

第二组——您能迅速而准确地运算，并具有在快速准

确地进行计算的同时，进行推理、解决应用问题的能力。您最适宜从事的职业有会计、银行职员、保险公司职员、税务员、审计员、统计员、自然科学家、计算机工程师等。

第三组——您具有对立体图形以及平面图形与立体图形之间关系的理解能力，包括能看懂几何图形、对立体图形的三个面的理解力，识别物体在空间运动中的联系，解决几何问题。您最适宜从事的职业有技术员、工程师、服装设计师、艺术家、家具设计师、建筑师、摄影师、家电维修专家、自然科学家、军官、司机等。

第四组——您对物体或图形的有关细节具有正确的知觉能力，对于图形的明暗、线的宽度和长度能作出区别和比较，可以看出其细微的差别。您最适宜从事的职业有技术员、工程师、电工、房管员、咨询师、运动员、教练员、导演、图书馆员、会计、银行职员、保险公司职员、审计员、统计员、编辑、播音员、自然科学家、计算机工程师等。

第五组——您具有对词、印刷品、账目、表格等的细微部分正确知觉的能力，善于发现错字和正确地校对数字的能力。您最适宜从事的职业有教师、公务员、社会科学家、秘书、打字员、编辑、银行职员、咨询师、经理、记者、作家等。

第六组——您的眼、手、脚、身体能够迅速准确和协调地作出精确的动作和运动反应，手能跟随着限所看到的东西迅速行动，具有正确控制的能力。您最适宜从事的职业有运动员、教练员、演员、工人、农民、服装设计师、美容师、电工、司机、服务员、导游、医生、护士、药剂士、导演、警察、战士等。

第七组——您的手、手指、手腕能迅速而准确地活动和操作小的物体，在拿取、放置、调换、翻转物体时手能做出精巧运动和腕的自由运动。您最适宜从事的职业有医生、护士、药剂士、运动员、教练员、自然科学家、工人、农民、技术员、工程师、服装设计师、家具设计师、艺术家、美容师、售货员、服务员、保育员、摄影师、演员、导演、战士等。

第八组——您善于进行人与人之间的相互交往、相互联系、相互帮助、相互作用和影响，具有协同工作或建立良好的人际关系的能力。您最适宜从事的职业有采购员、推销员、公共关系人员、外销员、商务师、编辑、调度员、经理、服务员、房管员、导游、咨询师、银行信贷员、税务员、审计员、保险公司职员、演员、导演、教师、社会科学家、社会科学家、公务员、秘书、警察、律师等。

第九组——您擅长于组织和安排各种活动，有协调人际关系的能力。您最适宜从事的职业有调度员、导游、教练员、导演、编辑、教师、经理、公务员、商务师、保育员、咨询师、税务员、秘书、律师、警察等。

激发自己的潜能

在我们比较清晰地了解了自己具有的能力之后，就应该提到一个更关键的词——潜能。潜能就是潜在的能量，每个人的潜能是无限的，是人类本具有却没有被开发的能力。

你或许会说：“我什么能力都没有。”但事实上，你拥有的能力比自己意识到的要多很多，只不过最擅长的能力已经内化成一种习惯，可能你自己都没有意识到。

如今，潜力比能力重要！

亿康先达国际人力资源咨询公司（Egon Zehnder）的研究表明：企业应以候选人的潜力为重，潜力是指有能力适应瞬息万变的环境并能持续成长和不断挑战新角色，它比智力、经验和能力都重要。在未来，将有越来越多的公司无法清晰地描述出岗位的需求，一个比潜力的时代到来了！

有的管理者提出以五大关键指标衡量候选人是否具有潜力：正确动机、好奇心、洞见、参与和决心。也有诸多用人单位希望员工的潜力包括：学习能力、思考能力、适应能力、配合能力和创新能力。

在正常情境下潜能并不显现出来，只在一些特殊的情境下被激发。比如说有人在逃命时能跨越 4 米宽的悬崖，这是平时不可能跨越的宽度。

开发潜能有三大要素，即高度的自信、坚定的意志和强烈的愿望。

要拥有好的潜力，首先就要从内心上具有独立思考能力，关注点一定要高远。你的职业发展目标不仅仅瞄准在财富、金钱、物质上，而更要瞄准在如何引领整个人类群体的进步上。

激发潜能的一个好方法——试着给自己加大难度！

有这样一个故事：

一位音乐系的学生走进练习室，指导教授是个极其有名的音乐大师。讲课的第一天，教授给自己的新学生一份乐谱，“试试看吧！”他说。乐谱的难度特别高，学生弹得生涩僵滞、错误百出。“还不成熟，回去好好练习！”教授在下课时，如此叮嘱学生。学生练习了一个星期，第二周上课时正准备让教授验收，没想到教授又给他一份难度更高的乐谱，“试试看吧！”上星期的课教授连提也没提。学生再次挣扎于更高难度的技巧挑战，更加刻苦的练习。第三周，更难的乐谱又出现了。同样的情形持续着，学生每次在课堂上都被一份新的乐谱所困扰，然后把它带回去练习，接着再回到课堂上，重新面临两倍难度的乐谱，却怎么样都追不上进度，一点也没有因为上周练习而有驾轻就熟的感觉，学生感到越来越不安、沮丧和气馁。他翻看着超高难度的乐谱，感觉自己对于弹奏钢琴的信心也似乎跌到了谷底。当这次教授走进练习室时，学生再也忍不住了，他必须向钢琴大师提出这三个月来何以不断折磨自己的质疑。

教授没有开口，他抽出最早的那份乐谱，交给了学生。“弹奏吧！”他以坚定的目光望着学生。不可思议的事情发生了，连学生自己都惊讶万分，他居然可以将这首曲子弹奏得如此美妙，如此精湛！教授又让学生试了第二堂课的乐谱，学生依然呈现出超高水准的表现……演奏结束后，学生怔怔地望着老师，说不出话来。“如果，我任由你表现最擅长的部分，可能你还在练习最早的那份乐谱，就不会有现在这样的程度……”

钢琴大师平静地说。

这段故事给予我们很大的启发。

我们大多数人往往习惯于表现自己所熟悉、所擅长的领域。但如果我们回头想想，也许就会恍然大悟：看似紧锣密鼓的工作挑战，永无歇止难度渐升的环境压力，不也就在不知不觉间养成了今日的各种能力吗？我们应该相信，人，确实有无限的潜力！在我们的生涯里，就要常常有一份挑战自己极限的劲儿，才能一次次将我们的成就提到新的高度。

我们大多数人往往习惯于表现自己所熟悉、所擅长的领域。但如果我们回头想想，也许就会恍然大悟：看似紧锣密鼓的工作挑战，永无止歇、难度渐升的环境压力，不也就在不知不觉间养成了今日的这般能力吗？我们应该相信，人，确实有无限的潜力！在我们的生涯里，就要常常有一份挑战自己极限的劲儿，才能一次次将我们的成就提到新的高度。

价值观测试

价值观是指个人一种有系统的内在标准，可以反映对人、对事、对物珍视或排斥程度，并影响我们对行动方向的取舍。有些学者特别强调价值观念在生涯选择过程中的重要性。一个人的价值观念相当稳定，而且持续终身。正是由于这种特性，价值的澄清与确认成了生涯决定过程中相当重要的步骤。

镜子测试

我的价值观是什么？我们可以进行“镜子测试”。

20 世纪初，德国驻英国大使是当时在伦敦所有大国中最受尊重的一位外交官。显然，他命中注定会承担重任，即使不当本国的总理，至少也要当外交部长。然而，在 1906 年，他突然辞职，不愿主持外交使团为英国国王爱德华七世举行的晚宴。这位国王是一个臭名昭著的色鬼，并且明确表示他想出席什么样的晚宴。据有关报道，这位德国大使曾说：

“我不想早晨刮脸时在镜子里看到一个皮条客。”

这就是镜子测试。我们所遵从的伦理道德要求你问自己：我每天早晨在镜子里想看到一个什么样的人？在一个组织或一种情形下合乎道德的行为，在另一个组织或另一种情形下是否也是合乎道德的呢？如果一个组织的价值体系不为自己所接受或者与自己的价值观不相容，人们就会备感沮丧、郁闷，工作效率低下。彼得·德鲁克曾经举过一个十分成功的人力资源主管的例子。这位人力资源主管所在的公司被一家大企业收购，收购之后，她得到了提升，从事的是她以前做得最出色的工作，包括为重要职位挑选人才。这位主管深信，在选人时，公司只有在排除内部的所有可能人选后才能从外部招聘人才。但是她的新公司认为应该首先从外部招聘，以吸收新鲜血液。看起来，这两种方式在根本上是互不相容的——表面上是政策不同，实质是价值观的不同。这说明企业合并后两个不同公司职员对以下三个问题有着不同看法：组织与员工之间是怎样的关系；组织应该为员工以及员工的发展承担何种责任；一个人对企业最重要的贡献是什么。经过几年挫折，这位主管最终辞职——尽管她的经济损失很大。但是她的价值观和这个组织的价值观就是无法融合。

组织和人一样，也有本身多年形成的价值观。为了在组织中取得成效，个人的价值观必须与这个组织的价值观相容。两者的价值观不一定要相同，但是必须相近到足以共存。不然，这个人在组织中不仅会感到沮丧，而且做不出成绩。

锚，是使船只停泊定位用的铁制器具。职业锚，又称职业系留点（Career Anchor）。实际就是人们选择和发展自己的职业时所围绕的中心，是指当一个人不得不做出选择的时候，他无论如何都不会放弃的职业中的那种至关重要的东西或价值观。是自我意向的一个习得部分。个人进入早期工作情境后，由习得的实际工作经验所决定，与在经验中自省的动机、价值观、才干相符合，达到自我满足和补偿的一种稳定的职业定位。职业锚强调个人能力、动机和价值观三方面的相互作用与整合。职业锚是个人同工作环境互动作用的产物，在实际工作中是不断调整的。

职业锚理论（Career Anchor Theory）产生于在职业生涯规划领域具有"教父"级地位的美国麻省理工学院斯隆商学院、美国著名的职业指导专家埃德加·H·施恩。斯隆管理学院的 44 名 MBA 毕业生，自愿组成一个小组接受施恩教授长达 12 年的职业生涯研究，包括面谈、跟踪调查、公司调查、人才测评、问卷等多种方式，最终分析总结出了职业锚（又称职业定位）理论。他指出，职业锚是在一个人面临职业选择的时候，无论如何都不愿放弃的职业中对自己至关重要的东西，它是个人内心深处对自己的看法，是个人经过对自己的才干、价值观、动机的自省后逐渐形成的。

职业锚测评是通过对你过去行为的分析和未来目标的探索，帮你认清一个你没有深入探索和认真体会的清晰、真实的自我，从而帮助你在面临职业选择时，做出与自己价值观、内心真实自我相匹配的职业决策。职业锚问卷是国外职业测评运用最广泛、最有效的工具之一，职业锚倾向没有好坏，我们应该根据第一感觉，不假思索迅速答题。下面是一套职业锚测试题。

请尽可能真实并迅速地回答下列问题。除非你非常明确，否则不需要做出极端的选择，例如："从不"或者"总是"。

下面给出40个问题，根据你的实际情况，从"1–6"中选择一个数字。数字越大，表示这种描述越符合你的实际情况。例如，"我梦想成为公司的总裁"。你可以做出如下的选择：

选"1"代表这种描述完全不符合你的想法；

选"2"或"3"代表你偶尔（或者有时）这么想；

选"4"或"5"代表你经常（或者频繁）这么想；

选"6"代表这种描述完全符合你的日常想法。

现在，开始回答问题。将最符合你的自身情况的答案记下来（每组八个，分为五组）。

1. 我希望做我擅长的工作，这样我专业方面的建议可以不断被采纳。

2. 当我整合并管理其他人的工作时，我非常有成就感。

3. 我希望我的工作能让我用自己的方式，按自己的计划去开展。

4. 对我而言，安定与稳定比自由和自主更重要。

5. 我一直在寻找可以让我创立自己事业（公司）的创意（点子）。

6. 我认为只有对社会做出真正贡献的职业才算是成功的职业。

7. 在工作中，我希望去解决那些有挑战性的问题，并且胜出。

8. 我宁愿离开公司，也不愿从事需要个人和家庭做出一定牺牲的工作。

9. 将我的技术和专业水平发展到一个更具有竞争力的层次是成功职业的必要条件。

10. 我希望能够管理一个大的公司（组织），我的决策将会影响许多人。

11. 如果职业允许自由地决定自己的工作内容、计划、过程时，我会非常满意。

12. 如果工作的结果使我丧失了自己在组织中的安全稳定感，我宁愿离开这个工作岗位。

13. 对我而言，创办自己的公司比在其他的公司中争取一个高的管理位置更有意义。

14. 我的职业满足来自于我可以用自己的才能去为他人提供服务。

15. 我认为职业的成就感来自于克服自己面临的非常有挑战性的困难。

16. 我希望我的职业能够兼顾个人、家庭和工作的需要。

17. 对我而言，在我喜欢的专业领域内做资深专家比总经理更具有吸引力。

18. 只有在我成为公司的总经理后，我才认为我的职业人生是成功的。

19. 成功的职业应该允许我有完全的自主与自由。

20. 我愿意在能给我安全感、稳定感的公司中工作。

21. 当通过自己的努力或想法完成工作时，我的工作成就感最强。

22. 对我而言，利用自己的才能使这个世界变得更适合生活或居住，比争取一个高的管理职位更重要。

23. 当我解决了看上去不可能解决的问题，或者在必输无疑的竞赛中胜出，我会非常有成就感。

24. 我认为只有很好地平衡个人、家庭、职业三者的关系，生活才能算是成功的。

25. 我宁愿离开公司，也不愿频繁接受那些不属于我专业领域的工作。

26. 对我而言，做一个全面管理者比在我喜欢的专业领域内做资深专家更有吸引力。

27. 对我而言，用我自己的方式不受约束地完成工作，比安全、稳定更加重要。

28. 只有当我的收入和工作有保障时，我才会对工作感到满意。

29. 在我的职业生涯中，如果我能成功地创造或实现完全属于自己的产品或点子，我会感到非常成功。

30. 我希望从事对人类和社会真正有贡献的工作。

31. 我希望工作中有很多的机会，可以不断挑战我解决问题的能力（或竞争力）。

32. 能很好地平衡个人生活与工作，比达到一个高的管理职位更重要。

33. 如果在工作中能经常用到我特别的技巧和才能，我会感到特别满意。

34. 我宁愿离开公司，也不愿意接受让我离开全面管理的工作。

35. 我宁愿离开公司，也不愿意接受约束我自由和自主控制权的工作。

36. 我希望有一份让我有安全感和稳定感的工作。

37. 我梦想着创建属于自己的事业。

38. 如果工作限制了我为他人提供帮助或服务，我宁愿离开公司。

39. 去解决那些几乎无法解决的难题，比获得一个高的管理职位更有意义。

40. 我一直在寻找一份能最小化个人和家庭之间冲突的工作。

当你作答完成后，请重新看一下你给分值较高的描述，并从中挑出与你日常想法最为吻合的三个，在原来评分的基础上，将这三个题目得分各加 4 分（例如原来得分为 5，则调整后的得分为 9）。然后可以开始评分。

	TF 技术 / 职能型	GM 管理型	AU 自主 / 独立型	SE 安全 / 稳定型	EC 创造 / 创业型	SV 服务 / 奉献型	CH 挑战型	LS 生活型
	1：	2：	3：	4：	5：	6：	7：	8：
	9：	10：	11：	12：	13：	14：	15：	16：
	17：	18：	19：	20：	21：	22：	23：	24：
	25：	26：	27：	28：	29：	30：	31：	32：
	33：	34：	35：	36：	37：	38：	39：	40：
总分								
平均分（总分/5）								

按照列进行分数累加得到一个总分，将每列的总分除以5得到平均分。记住：在计算平均分和总分前，不要忘记将最符合你日常想法的三项，额外加上4分。

最终的平均分就是你的自我评价的结果，最高分所在列代表最符合你“真实自我”的职业锚。

自主/独立型职业锚（AU）

喜欢能发挥所长，自主性高的工作，适合教师，咨询顾问，研发人员。

自主/独立型职业锚的人追求自主和独立，不愿意接受别人的约束，也不愿受程序、工作时间、着装方式以及在任何组织中都不可避免的标准规范的制约。无论什么样的工作，自主独立型的人希望能用自己的方式、工作习惯、时间进度和自己的标准来完成工作。

挑战型职业锚（CH）

喜欢有难度的工作，能不断挑战自我，适合特种兵、专家等。

挑战型职业锚的人认为他们可以征服任何事情或任何人，并将成功定义为“克服不可能的障碍，解决不可能解决的，或战胜非常强硬的对手”。随着自己的进步，他们喜欢寻找越来越强硬的“挑战”，希望在工作中面临越来越艰巨的任务。

创造/创业型职业锚（EC）

喜欢不断有新的挑战目标，渴望变化，适合创新型的工作，如企业家等。

对创造/创业型职业锚的人来说，最重要的是建立或设计某种完全属于自己的东西；建立或投资新的公司；收购其他的公司，并按照自己的意愿进行改造。创造并不仅仅是发明家或艺术家所做的事，创业者也需要创造的激情和动力。创造/创业型职业锚的人有强烈的冲动向别人证明：通过自己的努力能够创建新的企业、产品或服务，并使之发展下去。当在经济上获得成功后，赚钱便成为他们衡量成功的标准。

管理型职业锚（GM）

精力充沛，喜欢挑战有压力的工作，适合公司高管。

管理型职业锚的人，对管理本身具有很大的兴趣，具有成为管理人员的强烈愿望，并将此看成职业进步的标准。具有提升到全面管理职位上所需要的相关能力，并希望自己的职位不断得到提升，这样他们可以承担更大的责任，并能够做出影响成功或失败的决策。

生活型职业锚（LS）

强调工作和家庭的和谐，适合时间灵活的工作人士。

生活型的人是喜欢允许他们平衡并结合个人的需要、家庭的需要和职业的需要的工作环境。他们希望将生活的各个主要方面整合为一个整体。正因为如此，他们需要一个能够提供足够的弹性让他们实现这一目标的职业环境。甚至可以牺牲他们职业的一些方面，如：提升带来的职业转换，他们将成功定义得比职业成功更广泛。他们认为自己在如何去生活、在哪里居住，以及如何处理家庭事务，即在组织中的发展道路是与众不同的。

安全/稳定型职业锚（SE）

喜欢稳定，可测的工作，适合银行职员，公务员。

安全与稳定是这种类型的人选择职业最基本、最重要的需求。他们需要“把握自己的发展”，只有在职业的发展可以预测、可以达到或实现的时候，他们才会真正感觉放松。

服务 / 奉献型职业锚（SV）

喜欢从事有明显社会意义的工作，得到他人的承认或认可，适合医护、社工。

服务型职业锚的人希望职业能够体现个人价值观，他们关注工作带来的价值，而不在意是否能发挥自己的才能或能力。他们的职业决策通常基于能否让世界变得更加美好。

技术 / 职能型职业锚（TF）

对工作有专长和强烈兴趣，注重工作的专业化，对总经理工作缺乏热情，典型工作为技术主管和职能部门经理。

技术 / 职能型职业锚的人，会发现自己对某一特定工作很擅长并且很热衷。真正让他们感到自豪的是他们所具备的专业才能。倾向于一种“专家式”的生活，他们一般不喜欢成为全面的管理人员，因为这将意味着他们放弃在技术 / 职能领域的成就。但他们愿意成为一名职能经理，因为职能经理可以更好地帮助他们在专业领域上的发展。

认识自我旅行之四——解码家庭资源

娱乐圈美女多不胜数，不少人天生丽质，得到家族优良遗传。而且漂亮基因不止艺人独有，很多艺人家属同样是美人胚子，从相貌上可见家族的遗传力量不可小觑。家人的职业发展、休闲方式、文化修养、生活态度等都会对我们日后的发展有着深远的影响，家庭的印记也早已深深印刻于我们的思想深处。

想要开启家庭宝藏的大门，需要思考与观察，并主动与父母交流，可以将父母成功之处作为我们的生涯榜样。仔细想想，你父母的职业是什么？你爷爷奶奶、姥姥姥爷的职业是什么？你的主要亲属的职业是什么？他们都有什么最擅长最喜欢的事情？他们的性格以及从事的专业都有什么特点？回答这些问题，也许你会对自己有一个更完整、清晰的定位。当然，家庭只是一个参考，最重要的是明白我们自己想要的是什么！

当思考这一系列问题的时候，你会发现你的成长是迅速的，在更加了解了你自己后，即将会谱写人生的新篇章！

第五章
知行合一

一个小故事，告诉你什么是知与行

受邀参加“沈阳公益引读”活动的时候，我就引用过这个小故事。它很简单，但又极其深刻。

一个妈妈有两个孩子，她爱他们，每天伴着他们成长，给他们做饭。一个孩子每天吃完饭，都要大声宣布：“妈妈你真好，等我长大了，我一定给你买一个大房子！每天也请人给你做饭！”另一个则不言，给妈妈倒杯水，捶捶背，刷刷碗，尽其所能。长大后谁会更加孝顺？为什么成功的人都是实干家与行动派？相信大家心里自有评判。

托马斯·阿·坎贝说过，“当审判日来临时，我们将接受讯问的不是我们读了些什么，而是我们做了些什么”。

当你成为一个敢于承担责任、有思想的人的时候；当你问过自己喜欢做什么、能做好什么的时候；当你知道社会缺乏什么、需要什么的时候，那么我们就要来问你两个非常关键的问题了：你的差距在哪里？你要怎么开始奋斗？

梦境是美好的，但迟早会醒来；想象是无极限的，但需要把它落实。当我们慢慢地成为一个会思考、勤思考的人的时候，这是非常难得的进步。

古人有一句话叫知易行难。对于我们每一个人来说，有一件可以说是既艰难又快乐的事情——行动！说它艰难，是因为我们习惯于说得多，做得少。我们惯于有着远大的目标，每天自得其乐。我们惯于今日复明日，觉得日子还很久。因为很多事情短期看不到结果，持久与耐力很少有人做得到。伟人和平凡人的差距就在这里。与此同时，当我们醒悟到自己的差距，勇于自我反省，勇于知行合一，我们又很快乐。快乐在于一旦开始行动，便会形成正向循环，朝着目标推进。它会带给我们不一样的体验和超越自我的乐趣，更会感染我们身边的人。

七大方法让你成为行动力的强者

培养自己的君子风度，一言一行信为先

将自己的计划或者规划当成是对自己的诺言。人无信不立，业无信不兴，一个对自己承诺都无法兑现的人，何谈成功?

这是中国 IT 业一个真实的故事，主人公是北大天正总裁黄斌。1993 年，黄斌在中关村与人合租了一个小门脸攒机（把电脑的各部件一件一件攒起来组装成一台电脑，也就是自己组装电脑），那时他们的资金只有 3000 元，但也雄心勃勃。有个东北人来北京攒机，问到黄斌的报价，发现价格比同类产品低得多，难以置信，就马上签了 20 万元的合同单，满意地离开了。谁知签完单子，黄斌才发现自己把报价报错了。这意味着假如他继续做这笔买卖，他将赔进去 1 万多元钱，从商人变成不折不扣的债户。他很犹豫，不知道怎么办。他想了很多，第一条路是守信誉，讲诚信，继续做生意，哪怕赔掉脑袋。第二条路是和对方讲明原因，请他把差价补上；第三条路是把这笔单子推出去，就说做不了。经过几天的思考权衡，他对自己做出承诺：坚持走第一条路。塞翁失马，焉知非福。东北人得知实情后，非常感动，立刻把 100 万的单子按市场报价给了他。不久，中关村电脑配件价格集体下调，可想而知，黄斌用自己的诚信赢得的又岂止是几十万元。

当你能够坚守自己承诺的时候，你的行动力便会随之增强。

勇敢迈出第一步，并鼓励自己将其变成为一种习惯

亚里士多德曾经说过“我们每个人都是由自己一再重复的行为所铸就的。因而，优秀不是一种行为，而是一种习惯”。将你的生涯目标细化，并每天向前迈一小步，快乐而享受，慢慢便会有惊喜与变化。珍妮·苏克是亚洲唯一获得哈佛法学院终身教授殊荣的女性，在韩国具有相当高的知名度。她在自传《我想看到的世界》中在写作方面的举例对我们就有很大的启发。她每天都坚持写作，她常常说，每天坚持写作，就一页半，不多也不少。一个月后，就是一章，九个月后，就是一本书。这就是行动、坚持与习惯的力量。珍妮·苏克在写作方面也给自己设定了一个目标，就是每天只要写 250 个字就行，直到如今，她一天的写作量也没有超过

2000字。但是，无论目标是什么，她都会提前设定好，并努力不让自己半途而废。每天前进一小步对于我们人生的意义将是十分巨大的！

成功在于坚持。坚持一天不是特质，坚持一辈子才叫特质。俗话说，欲速则不达。然而在现实生活中，一些年轻人存在一种急于求成、急功近利的心理。他们有着对事业发展的迫切追求，但在社会浮躁之风影响下，得了“成功急躁症”。学太极的人都知道，练太极要慢练才能出功夫，要做到：意到、气到、力到，在自己的生涯上更应该明白水到渠成这个道理。

切记：不要等到条件都完美了才开始行动

所有顶级成功人士都有一个共同的习惯，那就是——立即行动！

读过加拿大作家斯蒂芬·巴特勒·里柯克写的寓言《倒退的一生》，给我们很大启发。

故事的主人公是贾金斯。某一天，村里有人正要将一块木板钉在树上当搁板，贾金斯走过去，说要帮一把。“停停”贾金斯说，“你应该先把木板头子锯掉再钉上去”。贾金斯便开始四处找锯子。找来锯子后，还没有锯到两三下又撒手了。“这把锯子得磨快些”，他说。于是他又去找锉刀。接着又发现使用锉刀前，必须先在锉刀上安一个顺手的手柄，为了给锉刀安手柄，又去灌木丛中寻找小树。要砍下小树干，又发现得先磨快斧头。当然，要磨快斧头，不得不先将磨石固定好，这样磨起来才得心应手，可这又免不了要制作几根支撑磨石的木条。为了把这事办好，贾金斯决定做一张木匠用的长凳，可没有一套齐全的工具是不可能的。于是，贾金斯到村里去找所需要的工具。而这一走，就再也不见他回来了。

曾有一段时间，他废寝忘食地攻读法语，但很快发现要真正掌握法语，必须首先对古法语透彻了解。然而实践表明：没有对拉丁语的全面掌握，要想学好法语绝不可能。贾金斯进而发现，掌握拉丁语的唯一途径是学习梵文，因为梵文是拉丁语的基础。贾金斯便一头扑进梵文的学习之中。直到他发现要正确地理解梵语，非学古伊朗语不可，因为它是语言的根本。然而，这种语言早已销声匿迹了，贾金斯不得不一切从头开始。不用说，贾金斯从未获得过什么学位，他所学的也始终没有用武之地。

但这无关紧要。他有的是钱，可以拿出 10 万美元的资本直接开厂兴业。起初，他将这笔钱投资办一家煤气厂，可他发现造煤气所需的煤炭价钱昂贵，这使他大为亏本。于是，他以 9 万美元的售价把煤气厂转让出去，开办起煤矿来。可这又不走运，因为采矿机械的耗资大得吓人。因此，贾金斯把在矿里拥有的股份变卖成 8 万美金，转入了煤矿机器制造业。这样，他本来可以赚些钱，偏偏用作工厂动力的是煤气，耗费巨大。于是贾金斯又以 7 万元的价卖掉他的制造业。从那以后，他便像一个倒行的滑冰者，在有关的工业部门和企业中滑进滑出，每年都亏损一大笔钱。

贾金斯的家庭生活风平浪静。当然他从未结过婚，他恋爱过好几次，每一次都毫无结果。他对一位姑娘一见钟情，为了配得上意中人，他开始在精神品德方面陶冶自己。他去一所星期日学校教了一个半月的课。他意识到，假如一个人不首先系统地学习巴勒斯坦历史，休想在教书这样神圣的职业中干出一番事业。他还认为，当一个人对以色列的历史只是一知半解，想去追逐一个女人，那真是无赖之徒。因此，贾金斯自动逃遁了。当他认为问心无愧求婚之日，两年的时间过去了，那位姑娘早已嫁给了其他人。

这就是关于贾金斯的故事，发人深省。也许我们会觉得故事的主人公太极端、很荒唐，可是我们回头想想许多我们曾经做过的事情，和我们曾经冒出的想法，是否都觉得时机还不成熟，自己能力还不够，还欠缺很多东西，最后就不了了之了呢？如果我们要是真能把觉得非做不可的事情当机立断一件件都做下来的话，我们又该是怎么样一种人生呢！

在生活当中，没有任何事情比人的行动更重要、更珍贵了。行动，只有行动，才能决定一个人的价值和成功。

这就是关于贾金斯的故事，发人深省。也许我们会觉得故事的主人公太极端、很荒唐，可是我们回头想想许多我们曾经做过的事情，和我们曾经冒出的想法，是否都觉得时机还不成熟，自己能力还不够，还欠缺很多东西，最后就不了了之了呢？如果我们要是真能把觉得非做不可的事情当机立断一件件都做下来的话，我们又该是怎么样一种人生呢！

决定好便不要胡思乱想！时刻提醒自己什么是最重要的！

通过小事培养

大思想家老子在几千年前就说过一段深刻的话，“天下难事，必做于易；天下大事，必做于细”，如果我们能把身边的一件件小事做好，那么我们的行动力一定会慢慢变强。因为，大事都是由小事做起的。

言出必行，有助于提高自己的行动力。不管是多小的一件事，只要说了，就去做到！

墨子说“志行，为也”。意思是说意志要付诸行动，那才是作为。如果我们能将一件件小事，不管是承诺自己的还是承诺于别人的，把它做好，那么这便会潜移默化为我们的行事习惯，久而久之，定会有一番作为！

行动力也取决于自控力，自控力多强，竞争力就多强

自控力、自律意识到底有多重要？

美国著名的心理学家瓦尔特·米歇尔曾经在一群幼儿身上做过一个有趣的实验：他给每个孩子发一块软糖，然后告诉他们说他有事要离开一会儿。他希望孩子们都不要吃掉那块软糖，他允诺说：假如你们能将这块糖留到我办完事情回来，我会奖励给你们两块糖，之后他就出去了。寂寞的孩子们守着那块诱人的软糖等啊等，终于有人熬不住，吃掉了那块糖。接着，又有人做同样的事……20 分钟后，米歇尔回来了。他履行诺言，奖励没有吃掉糖的孩子每人两块糖。但是实验并没有结束。心理学家继续追踪那一群接受实验的孩子。多年以后，他发现，那些不能等待的孩子大多一事无成，而日后创出一番辉煌业绩的大多都是那些愿意等待的孩子。

吞下一份苦，需要的是勇敢与坚强；忍住一份甜，需要的却是信念和毅力。这便是自控力的体现！

国外许多心理学家致力于自控力的研究，他们提出了

“七个控制”的方法，大家可以尝试一下。

1. 控制时间——无论是工作、娱乐还是休息，都应有个时间安排。不能想玩就玩上一天，忘了休息、工作、学习。

2. 控制思想——对于大脑进行思考的问题要有控制，可进行创造性的想象，但必须有个度。给思想带上导航仪，让思想更有目的性。

3. 控制接触的对象——选择自己喜欢、有使命感和有意志力的人，结识那些对自己有帮助、有益处的朋友。

4. 控制沟通的方式——沟通的重要方式是聆听、交谈、观察。当你与他人交谈的时候，要控制好自己的语言，使对方从你的话中得到尊重并有所收获。不要老是报怨，有时更多的是需要聆听，无需再做其他什么事，朋友能从你的聆听中得到一种释怀和安慰。

5. 控制承诺——君子一诺千金。不能随便轻言承诺，一旦承诺了，就要努力做到。

6. 控制目标——科学的目标能帮助你保持愉快的情绪。不可脱离生活的实际，要根据自己的特长、性格特点等来制定适合自己的目标。目标既定，要下定决心来完成，不轻易放弃。

7. 控制忧虑——无论周围发生什么事情，都要保持积极乐观的精神。

心理学家认为，如果你能有效地培养上述“七个控制”，你的心理状态就会很稳定很平衡，你就已经具备了控制情绪的自制力。

积极心态帮助提升行动力

积极向上、乐观自信的心态有助于提升我们的行动力，帮助我们获得成功。

1968 年的春天，罗伯特 . 舒乐博士立志要在美国加州用玻璃建造一座举世无双的水晶大教堂。于是他向著名的设计师菲力浦 . 约翰森表达了自己的构想 :“我要的不是一座普通的教堂，我要在人间建造一座伊甸园。”

约翰森问他预算和现有的资金时，舒乐博士坚定而乐观地说 :“我现在一分钱也没有，显然 100 万美元与 400 万美元的预算对我来说没有区别。重要的是，这座教堂本身要具有足够的魅力来吸引捐款”。

教堂最终的预算为 700 万美元。700 万美元对当时的舒乐博士来说是个超出了能力范围、甚至超出了“理解范围”的数字。

当天夜里，舒乐博士拿出一页白纸，在最上面写上“700 万美元”，然后又写下 10 行字 :

1. 寻找 1 笔 700 万美元的捐款；
2. 寻找 7 笔 100 万美元的捐款；
3. 寻找 14 笔 50 万美元的捐款；
4. 寻找 28 笔 25 万美元的捐款；
5. 寻找 70 笔 10 万美元的捐款；
6. 寻找 100 笔 7 万美元的捐款；
7. 寻找 140 笔 5 万美元的捐款；
8. 寻找 280 笔 2.5 万美元的捐款；
9. 寻找 700 笔 1 万美元的捐款；

10. 卖掉10000扇窗，每扇700美元。

此后，舒乐博士开始他的“可能性思想”实践：

到第60天的时候，富商约翰·可林被水晶大教堂奇特而美妙的模型所打动，舒乐博士得到了100万美元的第一笔捐款。

第65天，一位倾听了舒乐博士演讲的农民夫妇，捐出了1000美元。

第90天，一位被舒乐孜孜以求精神所感动的陌生人，在生日的当天寄给舒乐博士一张100万美元的银行支票。

8个月后，一名捐款者对舒乐博士说：“如果你的诚意与努力能筹到600万美元，剩下的100万美元由我来支付”。

第二年，舒乐博士以每扇500美元的价格请求美国人，认购水晶大教堂的窗户，付款的办法为每月50美元，10个月分期付清。6个月内，1万多扇窗户全部售出。

1980年9月，历时12年，可容纳1万多人的水晶大教堂竣工，成为世界建筑史上的奇迹与经典，也成为世界各地前往加州的人必去瞻仰的胜景。水晶大教堂最终的造价为2000万美元，全部是舒乐博士一点一滴筹集而来的。乐观自信和坚忍不拔成就了他的梦想。

后来，罗伯特·舒乐博士经常这样讲：不是每个人都应该像我这样去建造一座水晶大教堂。但是，每个人都应该拥有自己的梦想，设计自己的梦想，追求自己的梦想，实现自己的梦想。

你所设计的伟大生涯是否也处于这样的境地？没有钱，但有伟大的计划和梦想？

每个人都有美好的梦想和巨大的潜能，所有成功者都有积极向上的心态，不畏挫折的勇气，锲而不舍的毅力，敢于引爆生命的潜能，用一生的奋斗成就伟大的梦想，创造令人景仰的生命奇迹。

珍惜当下时光，制定智慧目标

在时间的大钟上，只有两个字：现在！梦想不会自动实现，聪明的人懂得将梦想拆分为合理的目标。

目标就是写在时间表上的梦想

梦想可以高远、伟大，但目标要脚踏实地。

不知道大家制定目标时有没有这样的感受，太高远的目标使人泄气和感到压力，太低的目标又容易自满而且有可能偏离长远方向，所以目标一定要脚踏实地，目标制定要长、中、短期相结合。

长期目标要有激励价值，又要现实可行，一般为 5 年以上。比如国家制定的五年计划，十年计划，就是一个阶段的目标。制定这样的目标，并且有效完成，以实现提高人们生活水平和国家经济水平的目的。就个人而言，可能随着外部形势的变化而变化，在设计时以画轮廓为主。它的主要特征有：目标有可能实现，具有挑战性并对现实充满渴望；非常符合自己的价值观，为自己的选择感到自豪；目标是认真选择的，和社会发展需求相结合；没有明确规定实现时间，在一定范围内实现即可；立志改造环境等。

中、短期目标应尽可能具体明确，并限定时间，或者 3~5 年，或者 1~2 年。短期目标要短到半年，3 个月，1 个月，把目标具体化，更容易落实。中短期目标，细化你要在特定的时限内完成特定的任务，你就会集中精力，开动脑筋，调动自己和他人的潜力，为实现目标而奋斗。

中期目标的设定通常与长期目标保持一致；要用明确的语言来定量说明；需要对目标实现的可能性做出评估；有比较明确的时间，且可做适当的调整。短期目标是中期目标和长期目标的具体化、现实化和可操作化，是最清楚的目标。其主要特征主要有：目标具备可操作性；明确规定具体的完成时间；对现实目标有把握；服从于中期目标；目标需要适应环境。

懂得制定不同类型的目标，下一个问题就是更要学会分解目标。不会分解目标，目标就会成为海市蜃楼。许多人做事之所以会半途而废，并不是因为困难太大，而是目标迷失。运用俄罗斯套娃法和目标多杈树法能很好地达成目标。

先讲一个小故事。

1984 年，在东京国际马拉松邀请赛中，名不见经传的日本选手山田本一出人意料地夺得了世界冠军。当记者问他凭什么取得如此惊人的成绩时，他说了这么一句话：凭智慧战胜对手。当时许多人都大惑不解。马拉松是体力和耐力的运动，说用智慧取胜，确实有些不可思议。两年后，意大利国际马拉松邀请赛在意大利北部城市米兰举行，山田本一代表日本参加比赛又获得了冠军。记者问他成功的经验时，性情木讷、不善言谈的山田本一仍是上次那句让人摸不着头脑的话：用智慧战胜对手。

10 年后，这个谜终于被解开了。山田本一在他的自传中这么说：“每次比赛之前，我都要乘车把比赛的线路仔细地看一遍，并把沿途比较醒目的标志画下来。比如第一个标志是银行，第二个标志是一棵大树，第三个标志是一座红房子，这样一直画到赛程的终点。比赛开始后，我就以百米的速度奋力地向第一个目标冲去，等到达第一个目标后又以同样的速度向第二个目标冲去。40 多公里的赛程，就被我分解成这么几个小目标轻松地跑完了”。

山田本一的成功在于将大目标分解为多个易于达到的小目标。每达到一个小目标，都使他体验到了“成功的感觉”。而这种“感觉”强化了他的自信心，并推动他稳步发掘潜能去达到下一个目标。

其实，成功正是一个化繁为简、化整为零、循序渐进、持之以恒的过程。

下面介绍两种目标分解的小方法。

俄罗斯套娃法

分解目标时，像“俄罗斯套娃”一样，将大目标分解成中目标，再将中目标分解成更小的目标，一直分解下去，直到知道现在该去做些什么。

一般来说，实现目标的过程是由现在到将来、由低级到高级、由短期目标到长期目标，一步步向前推进的。但是对于设定目标来讲，最好的方法是与达成目标的过程正好相反，应该先有梦想，有一个长期大目标，再到近期的小目标，由高级到低级层层分解，一步步实现我们的生涯规划。

目标多杈树法

“目标多杈树法”是专业的目标分解工具。用树干代表大目标，用每一根树枝代表小目标，用叶子代表即时的目标，即现在要去做的每一件事。

在“多杈树”中，长期目标与短期小目标之间的关系是：短期目标是长期目标的条件，长期目标是所有短期目标之和的结果。

用“目标多杈树法”分解一个目标时，应按照以下三个步骤进行：

（1）写下一个长期目标，作为“树干”。然后问自己，要达成该目标所需要的条件是什么？

（2）将实现长期目标“树干”需要的所有条件，作为树干第一个层级的树枝画出来。画完后，问自己，每一个树枝之和是否等于树干。答案如果是“是”，证明第一步分解已完成。如果是“否”，就需要重新调整。

（3）接下来，再分别针对每一个“树枝”，问自己要实现这些枝干所需要的条件是什么？依次列出所有条件，将它们当作树叶依次画好。同样，要检查一下每一片叶子相加的结果是否等于树枝。如果不是，要重新考虑，补充被遗忘的叶子。

经过以上三个步骤，一棵枝繁叶茂的“大树”就绘制成功了。

智慧地制定目标帮助我们增强行动力，智慧的管理也至关重要。在后面章节的生涯管理部分我们还会谈及如何进行目标管理等相关内容。

第六章

心流　内驱力 3.0 的力量

读过 Daniel H.Pink《驱动力》一书后，颇有感触，对于书中“驱动力”“心流”等内容，更是迫不及待想与大家分享。

驱动力与生涯规划

先看看何为驱动力 3.0？

驱动力 1.0——生物冲动，即生物性驱动力，人类及其他动物饮食以止饿，饮水以解渴，交配以满足性欲。

驱动力 2.0——寻求奖励，避免惩罚的外在动机，来自于外在动机，做出特定行为时环境会带来的奖励或惩罚。

驱动力 3.0——自我实现的内在动机。来自于内在动机，我们想要主导自己的人生、学习并创造新事物，通过自己以及我们的世界做得更好的内在需求。

我们生活的当下或是说即将到来的未来，即属于驱动力 3.0 的时代。我们会更多地寻求意义和价值感，我们的天性决定了我们会寻求对自己命运的掌控权，希望自己引导自己。而生涯规划正是自己掌控命运的一种绝佳方式。

驱动力 3.0 的三大要素：自主、专精和目的，也正是我们进行生涯规划的核心基石。

自主：有力量做最真实的自己

自主说直白了就是“我做什么，我决定”，但这句话说起来极其容易，做起来实则很难。

要想做到真正的自主，必须能做到四点：自信、自立、自律、自强。

自信，是想要自主的第一步。有了自信，能够使一个人以强者的身份来面对问题，精力充沛，给自己尝试的机会。真正自信的人才相信自己能够主宰人生。相信自己，能使我们在做生涯规划的时候更好地发挥潜能。人本身有矛盾与纠结的特点，我们有坚强勇敢的一面，也有软弱怯懦的一面，而软弱怯懦的一面，往往在遇到挫折的时候，会表现得更为强烈。如果这时候让自信占得上峰，那么人就会以一种积极的态度来对待困难，便有更多主动权，也更容易得到认可。自信，在职业生涯中发挥着重要的作用。

事实上，自信不是得意自满、趾高气扬，而是修炼内心后谦逊而又不失气场。自信可以帮我们经常处于巅峰的成长状态。

自立，是自主的重要基础和前提。我们每个人的生命都是相对独立的。学习、成长、选择是我们自己的事，自己的行为，是任何人不能替代的。我们要在漫长的成长过程中渐渐培养起独立分析、独立思考的能力。能够依靠自己排除生涯过程中的障碍，从而取得进步。

自律即主体对自我的约束性或规范性。一个有自律意识的人能够很好地规范、约束自己的行为，促使自己在生涯中不断地学习、进取，并持之以恒。自律者的表现会让我们觉得主动和积极，让人产生信赖感。就如我们评价一个人很自觉，往往就是一个自律者的表现。只有明确自己目标的意义，才能使自己的学习处于主动和积极的状态。而只有主动积极地生活，才能充分激发自己的学习潜能和聪明才智，从而确保目标的实现。

另外，一个自律的人时刻保有清醒的责任感，它确保主体积极主动地探索、选择信息，积极主动地建构、创造知识。

自强，是实现自主的另一必备要素。它是一种精神，更是一种美德，是一个人活出尊严、活出人生价值的必备品质，也是一个人健康成长、努力学习、成就事业的强大动力。自强是在自爱、自信、自立、自律的基础上充分认识自己的有利因素，勇于克服困难，积极进取，做生活的强者，担负起时代赋予的重任。

做到以上几点，相信你就是一个“大写”的自主的人了。自主能够对个体行为的表现水准和态度施加强大的影响力。我们对于要拥有什么样的人生便真正有了自己的思量，对于自己的事业、要与谁共事真正有了自己的选择。

专精：把想做的事情做得越来越好

专精定律即一学定律，由月牙山人所创，所以又名月牙山人定律。

一者，谓专精也，用心一也，专于一境也。谓之不偏、不散、不杂、独不变也，道之用也。故君子执一而不失，人能一则心纯正，其气专精也；人贵取其一，至精、至专、至纯，大道成矣。此自然界生产力之不二法则。

——月牙山人

专精定律告诉我们，只有专精于一件事物、一个领域进行研究，才能有发展、有发明、有创新。对于生涯规划来说，这一定律告诉我们无论你做任何的行业和事情都要以做到最顶尖为目标，只有当你能够专精的时候，你所做的事物和所从事的领域才会有成绩和突破。

若要心神专一、进而专精，需要用五德（仁、义、礼、智、信）来养五气（神、意、魂、魄、志），五气精纯、充足时心才得以专一而生心术，乃得一技之专长。

志气不过是欲望的使者，欲望过多了，则心力分散，意志就会薄弱，就会思力不畅达。如果心神专一，欲望就不会多；欲望不多，意志力就不会衰弱；意志力不衰弱，思想就会畅达。思想畅达则心气和顺。心气和顺心中就不会烦乱。

——鬼谷先师

五气之重在于养志，志大神足，神足意满，意满生魂，魂生魄强，大志者五脏得养，人得以和顺，涵养得以高深；大志向者，无怨无悔，任劳任怨，不计较个人之得失；胸怀大志者意志坚定、唯求精专，可谓一心一意，壮志可酬。所以，在我们生涯规划制定目标时，要有远大的、有意义的理想，这样更容易在通往专精的路上不断前行。

读过一本名为《少，但是更好》的书，也在强调“精·简·准”（精挑、简化、准确执行）的概念。在我们的生涯规划设计中，我们应该学会的不是用最短的时间完成最多的事情，而是只做正确的事情。因为人的时间和精力是有限的。

我们如何更好地做到专精？可以试试以下几个步骤。

第一步，精挑、探索和评估。要判断出目前什么事情才是首要和优先事项。先问问自己：“现在所做的事情，是否值得投入？”在生涯规划中，特别强调自我探索是做决策的起点。因为我们需要有目标性地安排自己的生活和工作。当选项和机会增加时，其实代表我们必须付出更多的时间和精力。如此一来，将分散我们的注意力。

第二步，简化、排除。我们不能什么都有或什么都做，所以需要删除琐碎无谓的枝节。因此，要在对的时间向对的人传达对的事情。决定（decision）这个字的拉丁字根——cis或cid——字面上的意思就是“切”或“杀”。有界限，才有自由！

第三步，准确执行。学会移除障碍，让执行过程减少阻力与痛苦。

目的：人生意义的追寻

人是唯一会寻找生命意义的动物！人们天生就是目的找寻者，这是一项比自己更伟大、更长久的事业。

李开复曾经写过一段话：

人生在世，如白驹过隙，转瞬即逝，每个人都不想虚度此生。如果在即将离开这个世界的时候，回首往事，心里能够有一种世界因我而更美好的欣慰和自豪，人生就具有了足够的影响力，就是一个有价值的人。

这个理想是李开复大学的时候一位教授对“make a difference”这句话的诠释点醒了他。教授说“make a difference”就是要“make 有我的世界 different from 没有我的世界”，翻译过来就是创造不同，就是要看看这个世界没有我比有我的时候有什么不一样，这就是人生的意义。

当然，每个人生命的意义都可能不同。有些人认为活着是为了幸福，只要你幸福了，那你就是一个充实、活得有意义的人。

在 2008 年 6 月哈佛大学的毕业礼中，该校校长福斯特（Drew Faust）向毕业生做了一次意味深长的演讲。在演讲中，她说在过去一年校长任期中，学生跑来问她最多的问题是：为什么在我们中间，有那么多人毕业后，选择了去华尔街工作？这是事实。据统计，2007 年进入职场的哈佛毕业生，有 58% 男生和 43% 女生选择了财经金融界。这个问题看似有点无稽，因为谁都知道是为了名和利。福斯特却说，学生之所以不断追问这个问题，不断被这个问题困惑，背后有个深层的焦虑：他们不肯定，这样的生活是否会令他们的人生有意义，是否会带给他们真正的快乐。他们感受到，常人理解的成功人生和真正有意义的人生，不一定能划等号，甚至存在极大张力。他们在乎自己的生命，所以灵魂难安。为什么学生会有那么大的挣扎？福斯特答得很妙。她说，这部分是哈佛大学的错，因为学生从进入哈佛那一刻开始，大学已教导学生，说他们是精英中的精英，未来社会的领袖，因此要肩负崇高的责任，对人类有深切关怀，要致力于保护环境，改良政治，令世界变得更美好。哈佛期望培养出来的毕业生，是民主社会中具有批判力，身怀道德感，对社会有承担的公民。

华尔街是资本主义社会的缩影，也是资本主义精神的极致。投身华尔街的人，最大的目的是帮自己赚取最大的经济利益。福斯特在演讲中清楚地指出，学生面对的两难，不是单纯的职业选择问题，而是反映了深刻的价值冲突，反映了两种对美好人生截然不同的理解。受了哈佛四年熏陶，学生既希望不负哈佛的期望，却又受不住华尔街的引诱，只好跑去找他们尊敬的校长，希望这位学养深厚的历史学家，能够给他们一些指引。福斯特是这样告诉学生的：未曾试过，你不会知道哪条路最好。如果你不曾试过你最想做的工作（无论那是绘画、投资还是财务），如果你不曾追求你认为最有意义的东西，你将会后悔。福斯特并没有告诉学生，应该选择哪条路。她只是叫学生好好想清楚自己最想做什么，然后便去做。福斯特为我们勾勒出教育的理想，那就是将人培养成为一个自主的理性选择者。福斯特似乎要告诉学生：只要你认真反省，好好认识自己，知道什么是你生命中最想追求的，那么无论你做出怎样的选择，你的生命都是有意义的。因为，“你的人生的意义，由你来定”。

我花了很多时间来思考生命意义这个问题，直到我读了维克多·弗兰克尔《活出生命的意义》这本书后，觉得明朗了许多。这是一位二战纳粹集中营走出来的待决囚徒，他用一生证明绝处再生的意义。“生命的真正意义要在世界当中而不是内心去发现，人越是忘记自己——投身某种事业或献身于所爱的人——他就越有人性，越能实现自己的价值。所谓自我实现，绝不仅仅是指某种可以实现的目标，因为人越是急于达成这个目标，越是容易失去它。换句话说，自我实现可能是自我超越的唯一副产品”。所以，即使外界条件不断在变，或是作为我们追求的意义本身也不断在变，但作为意义本身永远不会消失！

积极心理学大师、“心流”的提出者米哈里·希斯赞特米哈伊说过一句话：如果一个人感觉不到自己从属于更伟大、更长久的事物，那他就没法过上真正精彩的生活。

是啊！不要过于局限于自我，越是能打开心胸、越是能为他人造福，越是能忘却自我，意义便会出现并永存！

“心流”状态　美妙的体验

温斯顿·丘吉尔曾经说过：“每个人的生命中都有一个特殊的时刻，他就是为此而生。这个特殊的机遇，如果他能够把握，将使他得以完成自己的使命——一个只有他才有能力完成的使命。此时，他将感受荣耀与伟大，这就是属于他的辉煌时刻。”其实，这种使命感与伟大感是需要一步步规划才能得到的，找到“心流”时刻，让自己尽量多处于心流状态，或许能帮助我们在一生中体验这种时刻。

心流：用于描述处于最佳状态的时刻，人们生活中最兴奋、最令人满意的体验就是他们处在“心流”之中的时候。

有人可能会认为，经常保持“心流”状态会很累，其实恰好相反。让自己处于“心流”状态会让我们感受极佳，心理学家曾做过研究证明，我们认为的看电视、上网等放松行为，并不能让我们有最佳感受，反而电视看得越多，人的情绪就越抑郁。其中的缘由是：休闲分为积极娱乐（即需要动脑子或者费力气的娱乐）和消极娱乐（即不需要动脑子的活动，例如上网，看电视，喝酒，泡吧等）。两者的根本区别在于：积极娱乐活动有一个清晰明确的目标，大脑时刻围绕着这个目标运转；而消极娱乐则没有明确的目标，对大脑毫无约束。乍看起来，这种头脑中的“目标”似乎暗含着“费脑子”“忙碌”“强迫”等负面意思，所以大家容易心生排斥，但实际上，会给我们带来绝佳体验。

早在1950年，精神病医生桑德尔·费伦齐就曾经发现：在实施六天工作制的时候，他的病人在休息日歇斯底里症和抑郁症的发病率都高于其他工作日，他把这种疾病称为“周日官能症”。随后，布莱斯·博耶又发现了人们在圣诞节的境遇也难逃这种“一闲下来就精神不爽”的规律。更有甚者，1958年美国的一些精神病学家发出警告：“对于美国人而言，休闲是一项高危运动”。

所以，尽量不要让自己闲下来。

当你处于心流状态时：一眨眼一小时就过了；感觉做任何事都很重要；不自觉；知行合一；觉得被完全控制与吸引。怎样找到自己的“心流”？多做尝试，设立目标，有内在动机（例如有目的地参加活动）；能力与挑战都处于较高水平时更容易产生“心流”；合理的强化技巧帮助你达到极致的工作状态；做完某事后及时回馈（例如完成一项任务后回忆下感受）；

给自己来个心流测试。

在你的手机上设置提醒，每周40次，每次提醒铃声响起时，记录下自己在做什么，感觉如何，是否处于“心流”之中？把你的感受记录下来，看看自己的答案，并思考下列问题：

哪些时刻会带来“心流”的感觉？当时在哪？在做什么？和谁一起？

是否在一天中某些时刻更容易出现“心流”？应如何调整一天的活动？

应如何增加“心流”出现次数，减少注意力不集中的时间？

如果对工作和事业有所怀疑，这个做法可告诉你内在动机的真正来源是什么？

通过“心流”测试，更好地帮助我们进行生涯规划及调整。

在“心流”中，一个人需要做的事情和他的能力范围完美匹配。达到“心流”，不仅仅是一瞬间的事情，而且应该作为生活规范：为了实现我们的生涯目标而保持聚精会神的精神状态。

Part 4

管理·生涯创造

※ 我们必须学会自我发展，必须知道把自己放在什么样的位置上才能做出最大的贡献，而且还必须在长达 50 年的职业生涯中保持着高度的警觉和投入。也就是说，我们得知道自己何时换工作，该怎么换。选准位置，才能站在人生的制高点。

※ 每个人都有优势，只是每个人的优势不一样，也不可能完全一样。因此，管理自己的第一步便是我们要乐于、敢于发现自身的优势。

※ 尺有所短，寸有所长。每个人都有优势和劣势，只要善于扬长避短，就可以将劣势转化为优势。避开劣势，等待你的是一片宽于天地。精于一门，心无旁骛，你有可能成为专家；百折不挠，自强不息，你有可能创造生命的奇迹。

第七章
管理你的生涯

生涯管理的概念在我国的相关文献及书籍中几乎没有被提到过，仅有一些文献研究过自我职业生涯管理（individual career management）的相关内容。“管理”在百度百科中给出的定义是由计划、组织、协调及控制等为要素组成的活动过程，由此看来，管理的意义与重要作用不言而喻。生涯管理应该是个人对其人生各项内容的计划、策略、反思以及调整等。

管理大师彼得·德鲁克曾说过：历史上的伟人，拿破仑、达芬奇、莫扎特都很善于自我管理。这在很大程度上也是他们成为伟人的原因。不过，他们属于不可多得的奇才，不但有着不同于常人的天资，而且天生就会管理自己，因而才取得了不同于常人的成就。而我们当中的大多数人，甚至包括那些还算有点天赋的人，都不得不通过学习来掌握自我管理的技巧。我们必须学会自我发展，必须知道把自己放在什么样的位置上才能做出最大的贡献，而且还必须在长达50年的职业生涯中保持着高度的警觉和投入。也就是说，我们得知道自己应该何时换工作，该怎么换。选准位置，才能站在人生的制高点。

终身发展的纵向生涯观——生涯转换能力

随时调整你的计划

一旦开始应敌，任何计划都不可避免的发生变化。

——赫尔穆特·冯·毛奇

转换跑道将是常态，每个人都要准备重新当菜鸟。

——畅销书《C 型人生》作者马蒂·迪特瓦

生涯规划学者已经将生涯转换的能力列为 21 世纪的重要趋势。美国劳工部在 1999 年所发布的一份名为《二十一世纪的职场趋势与挑战报告》中更明确表达，未来 35 年，所有人要习惯跳脱以往的工作组合模式，学习掌握变动。他们甚至还为这个趋势创造了一个新字“Jobsolete”，意思是指因职位忽然消失而失业者。

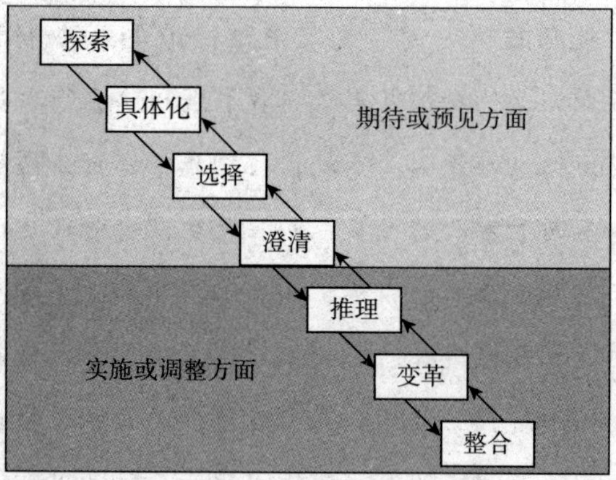

“过去我们听天由命，但现在要学会安身立命”。专攻生涯规划的台湾师范大学教育心理与辅导学系教授金树人说。唯有化被动为主动，才可以在每次生涯转换时，都立于不败之地。因此，现在对于生涯转换也需要跟过去不一样的思维。

即将消逝的 10 种职业

还记得粮食局吗？还记得打字员吗？还记得我们曾经喜欢光顾的影碟屋吗？这些行业、职位都渐渐消逝了。

网上盘点了一些未来可能濒临消失的职业，也许只是粗略估计，但看上去也很惊心。

1. 记者

美国的 Narrative Science 公司，结合大数据和人工智能，利用软件开发的模板、框架和算法，瞬间撰写出上百万篇报道，《福布斯》杂志都已经成为他们的客户。也许有一天，90% 的记者都会失业！

除此之外，互联网的出现让纸媒生存空间不断被压缩。很多周刊都已宣布停刊，记得我多年前在报社实习时就听人讨论过纸媒前途堪忧，甚至有些媒体大佬也相继离开传统媒体。

2. 银行柜员

金融领域也许将发生一场彻底的互联网革命，银行柜员则成了高危行业。商业周刊中文网称，未来 10 年，中国大陆 80% 的现金使用会消失，人们逐渐开始选择网银或移动支付。未来 20 年，绝大多数中小银行如果不把前台业务外包，将难以生存。

3. 司机

如今看到谷歌的无人驾驶汽车在硅谷 101 高速公路上穿梭，或是自己停靠到旧金山大街上，都已经不足为奇。而奥迪、丰田和奔驰等汽车厂商都计划开发自己的无人驾驶汽车。

因为汽车已经不需要人来驾驶，司机这一职业会消失。包括驾校老师、停车执法者等职业也都随之消失。

4. 装配车间工人

全球最大代工企业富士康百万“机器人大军”计划公布后引起外界瞩目。专家称一线工人短期内被取代不可避免，一批生产工人将下岗成为共识。

目前富士康的机器人手臂还只是进行简单的操作，但是未来，随着机器人成本的下降和普及，装配车间的工作将不需要真人插手了。

5. 有线电视安装人员

借助一个电视盒子，就可以让每一台普通电视升级为智能云电视机，同时实现与家庭其他无线终端（手机、Pad、电脑）的交互。只要身处带宽足够的 WIFI 环境，就可以在电视上免费观看在线视频内容。

有线电视最终会消失，甚至电视台的部门结构都会被打乱。相关产业链上的人都要当心，有线电视安装人员只是一个小小的代表。

6. 加油站管理和工作人员

加油这回事可能会消失也许会让你大吃一惊吧。因为石油在枯竭，未来，新能源充电站也许会遍布。不过，充电站也会实现自动化，不需要人来服务。而且，连驾驶都已经实现无人化了，当然也不需要人来负责加油充电等动作了。

7. 经纪人、中介商

实际上中介商这一职业的悄然隐退已是正在发生的事情，信息高速公路的无限发达必将“夺去”别人的饭碗。原因很简单，他们将不会比别的普通人知道得更多。举个例子，已经有越来越多的人选择在网上自选保险。未来人们可能会需要更多专业的规划师，而不是经纪人。

8. 职业模特

未来，没有谁再会为自己的个子矮而愁眉不展，高技术含量的增高手术能给一个人延长原身高。这个医学项目目前已经在进行了。还有便是新兴美容业的发展，“超微科技”的运用使整容业更趋完美，已经有人在研发用电脑“勘测丈量”脸部细节，度身制作完美五官“零件”，以求“一劳永逸、完整美丽”效果的新技术。

从这个意义上讲，漂亮的脸蛋与高挑的身材人人都可以拥有，职业模特失去存在的意义，时装秀真正地从 T 型台走向每个人身边的大街。

9. 各种工业样品、小商品制造者

3D 打印将颠覆制造业。商品将不再通过制造和物流的环节来到达用户的手中，用户将购买从杯子到房子等所有产品的设计，然后就地 3D 打印出来，这种方式最大的革新之处在于成本将比供应链产品便宜，而且有些东西不需要专门的人来制造了，你只需要有一个程序就行。

所以，各种工业样品根本不需要专人制造了，打印出来看看对不对就可以了。

10. 个体商户

李宁实体店关掉 1800 多家，电商的销售额已经超过实体店的销售额。未来三至五年全国有近 80% 的书店将关门，除非能寻求到其他卖点。服装店、鞋店有近 30% 即将关闭。

看到这些，你是否在脑中迅速丈量自己的职业现状或是勾画未来的职业可能了呢？这个时代要求我们一定要学会顺势而为。成功的职业生涯规划要以终为始，保持学习力，持续更新，顺势而为！任何一项工作都是以能力为取向的，持续提升自己的能力，不断更新知识，才能建立自己的竞争优势，是我们实现生涯目标的关键。

职业兴趣是“我想”，职业能力是“我能”，职业平台是“我可以”。要想成功地管理生涯，这三者必不可少。有了纵向发展的生涯管理意识，便是知道“我想”，发展“我能”，实现任何一个阶段都能说“我可以”。明智的生涯管理是依照自己的兴趣，根据环境的变化，找准自己的职业目标，打造属于自己的核心竞争力。

工作平台和环境是动态变化的。规划职业目标时的环境和两三年后实现目标时的环境大多会有不同，我们需要及时地做出调整，顺势而为，创造机会，成就梦想。如果刻舟求剑，固守不变，就会错失良机，碌碌无为。

终身发展的纵向生涯观——工作价值和职位维度

了解一定的工作满意度与工作动机的理论对我们的生涯有很大帮助。对我们长达一生的职业生涯的满意度有诸多因素影响着我们。卡茨和范·马南在调查后发现了三组因素，他们称之为“工作满意感核心”，包括工作本身（内在因素）、交往环境（人际关系等）、组织政策（工资、升迁政策、工作条件等）。

而为了弄清作为工作本身的内在因素是如何促进满意度及动机的，哈克曼等学者通过大量研究提出了一套精确的能应用于任何职位的维度表。

职位基本维度及其与心理状态和工作结果之间的关系

核心职位维度		关键的心理状态	结果
技能多样性 任务完整性 任务重要性	→	体验到工作的意义	高度的内部工作动机 高质量的工作绩效
自主性	→	体验到对工作结果负有责任	对工作的高度满意
反馈	→	知道工作活动的真正结果	低缺勤率和离职率
		调节因素 员工能力和技能 员工成长需要的强度 环境满意度	

作为这个模型的基本理论，只有当你达到三种关键的心理状态时，工作满意度才会高。不过在我们一生的职业生涯中，并不是每一项越高我们的满意度越高，知道这一点会对我们的职业决策有很大作用。当你刚入职时，技能多样性与工作满意度没有关系，工作自主性与工作满意度呈负相关，任务重要性与工作反馈与工作满意度呈正相关。从大约 6 个月到 5 年，所有这些因素都与工作满意度高度相关。但 5 年之后，这些因素与工作满意度的相关程度都开始下降到 15 至 20 年后的那个相关值，那时没有任何一个因素与工作满意感有实质上的相关。像工资、福利、同事的相容性等环境因素

在所有不同工作任期的组里都有同等重要性。这也意味着工作任期越长，这些环境因素的相对重要性也越大。

所以，纵观我们的生涯，对一个人来说重要的因素是会随着在该工作中工作的时间长短而改变的。也就是我们的每种职位都将经历三个阶段：

社会化阶段：在这一阶段，只有工作任务的重要性与工作反馈是重要的；

创新阶段：在这一阶段，所有工作特征都是重要的；

适应阶段：在这一阶段，环境因素变得相对更重要。

所以，如果你现在已进入适应阶段来说，重新设计工作可能会比更高的工资和更好的工作条件激励作用更小。

终身发展的纵向生涯观——生涯目标管理

注重视野

目标源于视野，视野决定方向，格局决定高度。为什么在目标管理过程中要先强调视野呢？

讲一个故事与大家分享。

有三个工人在建筑工地上砌墙。有人问他们在做什么。第一个说我在砌墙；第二个说我在建大楼；第三个说我建造美丽的城市。多年后，第一个还在砌墙，第二个成了建筑工地管理者，第三个成了这座城市的领导者。三个人最后的结局不同，是源于他们的目标和格局的不同。

一个人的格局有多大，事业就有多大，成功率就有多大。诸葛亮有句名言：“志当存高远。”志者，心也，超然于物外，方能品味极致人生的重大意义、胸有“鸿鹄之志”才能产生大动力、大意志；个人的天才和禀赋才能得到大开发、大提升；人生才会有大发展、大成功。

目标专一

曾读过一篇名为《每次只追一个人》的故事。

出生于美国密西西比州的史密斯为了挑战自己，报名参加了海军陆战队后备役军官训练班。在训练班结业时，学员们要进行一场“杀人比赛”。规则很简单，以个人为单位，在规定时间内互相躲避和追逐，“杀人”越多成绩越好。

比赛开始后，史密斯很快对躲在大树后的艾伦发起了攻击。艾伦见状，拔腿就跑——史密斯的高战斗力众人皆知。追逐时，史密斯发现了好几个躲在暗处的学员。艾伦本以为他会顺手先“杀”了那些人，没想到史密斯只盯着艾伦不放。最后，史密斯成功“杀”掉了艾伦。艾伦不解地问：“很多人与你只有一步之遥，先‘杀’了他们比对我穷追不舍省力多了。”史密斯摇头道：“我们追逐时消耗了很多体力，而其他人一直在躲藏，体力相对比较好，所以继续追你才是最佳选择。”在剩下的比赛中，史密斯每次也只追一名学员，最终取得了优异的成绩。而很多学员不停地改换目标，最终累得精疲力竭，一个也没追上。

史密斯后来进军商界，创立了全球最大的快递企业——美国联邦快递公司。他就是联邦快递之父——弗雷德·史密斯。他的经验之谈是：“一次只定一个目标，心无旁骛地追逐到底，才能成就你的人生。”

运用 SMART 原则

目标管理中，有一项是“SMART”原则，分别由 Specific、Measurable、Attainable、Relevant、Time-based 五个词组组成。这是制定工作目标时，必须谨记的五项要点。

制定目标看似是一件简单的事情，但实则不然。每个人都有过制定目标的经历，却发现并不容易达成，容易半途而废。如果上升到技术的层面来制定管理目标，或许对我们能有所帮助。所谓 SMART 原则，即：

1. 目标必须是具体的（Specific）

2. 目标必须是可以衡量的（Measurable）

3. 目标必须是可以达到的（Attainable）

4. 目标必须和其他目标具有相关性（Relevant）

5. 目标必须具有明确的截止期限（Time-based）

看看，你在制定目标时，仔细考虑过这五项吗？简单的五点要求却能让我们的目标更容易执行及达到。

修正目标

目标一旦确立，就不要轻易改变。当必须修正时，先想想如何修正实现目标的计划、方案、方法或是时限，而不是修正目标。

英国有句谚语说得好：目标刻在石头上，计划写在沙滩上。也就是说，目标绝不能轻易更改，但实现目标的计划可以根据情况随时调整。人生没有不可能，只是我们暂时还没有找到方法。所以，我们无需更改自己的目标，只要找到新的实现目标的方法和计划就好了。千万不要让更改目标成为一种习惯，这种习惯一旦养成，也就意味着我们所设定的目标都化为了泡影。

如果修正计划和方法，还是无法达到目标，那么，我们可以退而求其次，修正达到目标的时间期限，适当地延长成功的期限。所谓不达目的誓不罢休，坚持到底，永不放弃，终有一日我们会成功。之所以修正计划还无法达到目标，是因为当初制订的计划考虑得还不够周密，我们还没有找到实现目标最有效的方法。所以，在修改时间期限之前，我们首先要做的仍是修正计划，寻找方法。

首先要确定的是不要因为困难与坎坷就轻言放弃，但如果真的权衡已久，认真努力过还觉得目标不可能完成，那么，要做的就是坦然放弃该放弃的目标。

对于任何一个渴望成功的人来说，放弃绝对是一件很残酷的事情。因为放弃就意味着失败。然而，当我们不得不选择放弃，不得不重新开始的时候，我们唯一能做的就是不灰心、不气馁，重整旗鼓、重新开始。这个世界根本就没有失败，只有暂时还没有成功。只要我们不服输，成功总有一天会降临。

终身发展的纵向生涯观——无畏年龄　始于想法

人生中最大的幸福，就是不断前进。

人生中真正的衰老，就是拒绝成长。

有两位年届 70 岁的老太太，一位认为到了这个年纪可算是人生的尽头，于是便开始料理后事；另一位却认为一个人能做什么事不在于年龄的大小，而在于内心想法。

所以这位不服老的女士在她 70 岁的生日宴会上与大家分

享：自己正在享受着余生中最年轻的一天。她问自己：究竟我还可以再去做点什么呢？在这样的自问中，她发现自己的人生中有一个很大的空白——居然未曾尝试过冒险登山！她毅然拖着在别人看来已是 70 岁高龄的身体去开始学习登山，亲近高山险峰。随后的 25 年中她一直冒险攀登，其中有好几座还是世界名山。终于，在她 95 岁那年，登上了日本的富士山，打破了攀登富士山的最高年龄记录。她就是著名的胡达·克鲁斯女士。

还有这样一位老人，年龄对他来说从来只是一个数字，因为从不把“老”当回事儿。这位普通的老爷爷，用一股狠劲、一份坚持、一种努力，做出了很多同龄人想都不敢想、让年轻人都自叹不如的事情。他就是赵慕鹤——台湾地区的全民偶像。他的理念就是“人就要一直学习下去，活到死，学到死”。

赵慕鹤 75 岁的时候，决定出去走走，见识见识。朋友们知道后却没人敢相信：年龄大得吓人，存款少得可怜，外语就会 Yes 和 No，出国？开玩笑的吧！对此，赵慕鹤呵呵一笑：“如果出国玩一趟要准备很久，要懂语言，要有钱，那我就三辈子都出不了国了。”见他下了决心，也有人劝他报个旅行团，他却坚决地摇摇头：“这样不好玩。”他觉得，只要你想做一件事，总能有办法克服困难。

在欧洲的旅行中，赵慕鹤坐火车都尽量选夜车。这样，花一张车票的钱，还能解决一夜的住宿问题。为了省钱，他也会和年轻人一起挤青年旅社，睡在火车站的椅子上，蜷缩在电话亭里凑合。不懂外语也没关系，中餐厅总是能碰到懂汉语的，他请人帮忙把一些关键信息写成小纸条，再拿着纸条去买票、打车等。万一沟通有困难、迷路了也没关系，“跟着背包的人走，就能去好地方”。就这样，他用 6 个月的时间，游玩了英国、法国和德国的很多地方。当他神采奕奕地回到了台湾，朋友们不得不佩服他的勇气，“当初就不怕回不来了”？他则回答，“怕什么？大不了就死在外面”！

87 岁的赵慕鹤和小孙子又一起考上了大学。别的小朋友都要读六七年才能完成的课程，赵慕鹤用了四年就修满 128 学分，在 91 岁那年成为全班第一个顺利毕业的学生。几年后，朋友的儿子有意报考研究生，为了鼓励年轻人学习，96 岁的赵慕鹤又顺利考上南华大学哲学研究所。两年后，赵慕鹤以一篇关于中国书法“鸟虫体”研究的论文获得硕士学位。98 岁的他不仅是南华大学史上最老的研究生，还创下了吉尼斯世界纪录，成为世界上年龄最大的研究生。

为了这幸福的前进，2015 年，赵慕鹤又开始到清华大学旁听中国文学史，虽然只是旁听，但他一如既往地认真。

从 14 岁学习书法，90 年来不间断练习的赵慕鹤，写得一手绝妙的鸟虫体书法。几十年来，他将书法义卖募得的千万元巨款，一次次捐献给需要的人们。2011 年，他的作品被大英图书馆看中，英国女王伊丽莎白亲自发签名函求收藏。2012 年，赵慕鹤在香港成功举办书法展，并出版了自传《悠游 100 年》，成为畅销书作家。由于不懂电脑，其自传只能口述，由他人代笔。深感学习、生活不便的他，后来又学起了电脑，学着在网上买票、挂号等，刚刚退休的隔壁老王又不懂这个老头了：“老赵，你都要死了，还学什么电脑呢？”老赵听了哈哈大笑：“可是，我现在还活着啊！”

看看，百岁老人活得多有情怀，多么快意人生！和他们相比，我们是不是都太年轻了呢？所以，生涯规划是一辈子的事情，一定要将眼光放长远，用纵深的视野来对待自己的生涯，便会活出精彩的、令人羡慕、自己无悔的人生！

管理后半生

过了45岁或50岁，很多人便会出现中老年危机。也许是因为事业达到了巅峰，也许是到了新一轮的“职业倦怠”期，也许是为未来退休后生活感到迷茫。他们感觉学不到新东西，也没有什么新贡献，从工作中得不到挑战，更无满足感、充实感可言。

归零心态

归零的心态就是空杯、谦虚的心态，就是重新开始。第一次成功相对比较容易，第二次却不容易了，原因就是不能归零。

哈佛大学校长来北京大学访问的时候，讲了一段自己的亲身经历。

有一年，校长向学校请了三个月的假，然后告诉自己的家人，不要问我去什么地方，我每个星期都会给家里打电话报平安。

校长只身一人去了美国南部的农村，尝试着过另一种全新的生活。他到农场去打工，去饭店刷盘子。在田地做工时，背着老板躲在角落里抽烟，或和工友偷懒聊天，都让他有一种前所未有的愉悦。

最有趣的是，最后他在一家餐厅找到一份刷盘子的工作，干了四个小时后，老板把他叫来，跟他结账。老板对他说："可怜的老头，你刷盘子太慢了，你被解雇了。"

"可怜的老头"重新回到哈佛，回到自己熟悉的工作环境后，却觉得以往再熟悉不过的东西都变得新鲜有趣起来，工作成为一种全新的享受。

这三个月的经历，像一个淘气的孩子搞了一次恶作剧一样，新鲜而刺激。更重要的是，回到一种原始状态以后，就如同儿童眼里的世界，一切都充满乐趣，也不自觉地清理了心中积攒多年的"垃圾"。

有归零心态便可以永远保持活力与学习力！

发展第二职业

发展第二职业有三种方式。第一种是完全投身于新工作。这常常只需要从一种组织转到另一种组织。比如，从一所学校换到一个教育研究机构。当然也有许多人从一个行业转入另一个行业，并获得成功。但是这个前提是你必须是一个乐于挑战的人，你转入的是一个你更感兴趣或是更适合的行业，还有关键的一点是人脉的积累。

发展第二职业的第二种方式是，发展一个平行的职业。许多人的第一职业十分成功，他们还会继续从事原有工作，或全职，或兼职，甚至只是当顾问。但是，除此之外，他们会开创一项平行的工作，每周占用的时间不会太多，这种方法对大多数人是一个较好的选择。

最后一种方法是创业，通过这种方式也可以使你获得极大的成就感。

管理好后半生有一个先决条件：你必须早在你进入后

半生之前就开始行动。大多数在后半生成功的创业者，都是早在他们原有的事业达到顶峰之前就开始从事他们的第二事业。当然，发展第二职业（而且是趁早发展）的另一个重要原因是：任何人都不能指望在生活或工作中很长时间都不遭遇严重挫折。

横向生涯观——能量管理能力

管理能量，而非时间。

——托尼·施瓦茨

工作效能专家托尼·施瓦茨在《商业评论》上曾经发表了一篇经典的文章《管理能量，而非时间》，对我们的生涯管理有着很好的借鉴作用。

文中提到大多数人都用延长工作时间的方法来应对日益繁重的工作任务，这不可避免地会影响到我们的身体、心理和情绪。

延长工作时间之所以不可取，是因为时间是一种有限的资源。相比之下，能量则不同。物理学将能量（Energy）定义为工作时可使用的潜在能力。对于人类来说，能量主要来自四个源泉——身体、情绪、思想和精神，每个源泉都能为人类系统地增加并定时补充能量。

绝大多数大型组织都很舍得在技术、知识和工作能力培训方面为员工花钱，但很少有组织会帮助员工积蓄并保持他们的能量，这些组织总以为能量是员工生来就该有的。事实上，员工的能量增强了，他们就可能以更高的投入度和更强的耐力在更短时间内完成更多的工作。在美联银行的试验上证实了这一点。

2006 年年初，试验在新泽西州南部的 12 家美联银行地区分行中抽选 106 位雇员，为他们安排了由 4 个模块组成的课程。每个模块都有所侧重，分别对能量来源的 4 个主要层面进行加强。每个月测试组都组织 20~25 人听一次课。这些人既有高层领导，也有初级管理者。试验就近从那些分行中找出部分层级相当但没有参加培训的员工，根据美联银行的关键绩效衡量指标，将他们与培训参与者进行绩效比较。为了确立一个可靠的比较基准，试验采取了多项衡量指标，考察的是绩效同比变化。在最初的 3 个月，从名为“三大项”（来自三类贷款的收入）的指标来看，参与者的同比增长率比对照组高出 13 个百分点。

而在存款收入方面，参与者的同比增长率则比对照组高出 20 个百分点。虽然具体的增益每月各不相同，但除少数个例以外。在能量管理计划结束之后整整一年里，参与者的绩效仍继续遥遥领先于对照组。

当参与者被问及该计划对他们自身有哪些影响，有 68% 的人报告说，该计划在他们与委托人和客户的关系方面产生了积极的影响；71% 的人说，该计划对他们的生产力和绩效产生的积极影响是显著或重大的。这一试验包括索尼（Sony）、德意志银行（Deutsche Bank）、诺基亚（Nokia）、ING Direct、福特（Ford）和万事达卡（MasterCard）等其他大型公司的领导人那里也搜集到了大量轶闻证据，足以证实这种方法的有效性。

斯坦福大学教授威廉·堤勒曾说过：未来的药物将以控制人体能量为基础。一篇名为《疗愈密码》的文章提到：无论患什么疾病，或出现任何症状，若想解决病因，就必须用能量来处理，因为能量才是根源所在。在细胞层次上，疾病与病痛皆因能量不足而引起，由此可见，能量管理对我们生涯意义之重大。

横向生涯管理——身体管理

好身体才能产生高能量，助力我们的生涯。所以身体管理，在生涯管理是重中之重。

托马斯·科里花了五年时间研究了 177 位自力更生的百万富翁的日常习惯，他发现“76% 的富人坚持每天有氧运动 30 分钟以上”。有氧运动包括跑步、短跑、快走、骑自行车等。

他写道，“有氧运动不仅对身体好，对大脑也有很大帮助”“有氧运动可以增加神经元（脑细胞），体育锻炼还可以增加体内葡萄糖含量，葡萄糖就是大脑的燃料。大脑获得的养料越多，发展就会越好，你也会变得更聪明”。

在科里的研究中，还有一点发现，一半以上自力更生成为百万富翁的人士至少在工作时间前三个小时起床。日常中会有些突发的事情对我们产生心理影响，改变我们的潜意识，最终会让我们觉得生活已经失控。如果能够早一点让身体苏醒，会让你重新掌控你的生活，给你一种在主导自己生活的自信感。

运动、饮食和睡眠对能量水平的影响非常大，对自己的身体良好的管理是我们一生对自己做的最负责任的事情。比如按时就寝；在一天的工作当中，适时休息、喝水、吃些零食；饭后散步；等等。适时休息的好处在生理学上是有依据的，“亚昼夜节律”是一个90到120分钟的周期，在此期间，我们的身体逐渐从精力旺盛的状态过渡到生理上的低谷期。适时的休息不仅会让我们身体处于一个舒服的状态、积聚能量，更会增加我们的工作效率。

毛泽东少年时期就立下了拯救中国的雄心壮志，他知道要想推翻三座大山，建立一个新中国绝非是一件容易的事，必须付出艰辛的努力，有时甚至是超常的体力。所以，毛泽东从少年时期起就注意锻炼身体，坚持冬泳，经常约上几个志同道合的朋友爬韶山。有意识地对身体进行管理，使他后来能有强大的身体在革命形势异常艰苦时爬雪山、过草地、吃糠咽菜的过程中做支撑。

横向生涯管理——心态管理

保持好情绪　传递正能量

情绪是指人们对环境中某个客观事物的特种感触所持的身心体验，是一种对人生成功活动具有显著影响的非智力潜能素质。美国密歇根大学心理学家南迪·内森的一项研究发现，一般人的一生平均有 30% 的时间处于情绪不佳的状态，因此，人们常常需要与那些消极的情绪作斗争。成功者控制自己的情绪，失败者被自己的情绪所控制。所谓成功的人，就是心理障碍突破最多的人，因为每个人或多或少都会有各式各样、大大小小的心理障碍。如果我们能把那些坏情绪时间腾出来，去做我们的事业、建设我们的家庭、思考我们的未来，那么我们的生涯是否又是另一番天地呢？

情绪管理（Emotion Management）就是善于掌握自我，善于调节情绪，对生活中矛盾和事件引起的反应能适可而止地排解，能以乐观的态度、幽默的情趣及时地缓解紧张的心理状态。

《情绪智商》的作者丹尼·高曼认为，透过控制情绪，管理人可以成为卓越的领导人。

正面情绪是指以开心、乐观、满足、热情等为特征的情绪来面对自己、世界与未来。

负面情绪是指以难过、委屈、伤心、害怕等为特征的情绪，种种的负面工作情绪无论是对个人还是组织而言，危害都是很大的。消极情绪的传染是在不知不觉中进行的，而且传染的速度相当快。一个人如果和亲近的人待在一起，而对方情绪低落或烦躁，那么不到半小时他的情绪就会受到对方的传染。长期的情绪困扰得不到解决，不但会降低个人的生活质量，还会影响个人的绩效水平，丧失工作热情。

有一个简单而有效的方法可以驱散消极情绪，可以称为“买时间”。操作非常简单，做深呼吸就可以达到这一目的。慢慢地呼气，持续 5~6 秒，你便会感到身心有所放松，负面情绪可以渐渐消失。

马卡连柯说："不会控制情绪的人，就是一台被损坏的机器。"情绪如水，"水能载舟，亦能覆舟"，人应该是自己情绪的主人，在控制情绪的过程中，生涯能力也得到了发展。

管好自身优势，时时好心态

大家都知道一个道理，好孩子都是夸出来的。其实好的生涯管理更是善于对自我的优势进行管理。企业管理最需要的就是对员工的优点和企业的优势的发现、培育和运用。我们个人的生涯管理更是如此。

第一步，发现现有优势。一个人要想经营好自己的生涯，发现并发挥好自己的长处至为关键。发现自己的长处，回馈分析法是非常好用的一种方法。回馈分析法就是在你准备做一件事情之前，记录下你对结果或效果的期望，在事情完成之后，将实际的结果、效果与你的预期进行比较。通过比较，你就会发现什么事情你可以做好，什么事情你是做不好的。

通过这种简单的方法，在相当短的时间（也许两三个月）内，人们就可以发现自己的优势所在。要了解自己，这可能是最重要的事情了。利用这种方法，不但能够显示出由于你所做或者未做的哪些事情妨碍了你自身优势的发挥，还可以了解到哪些工作是你不具有优势和不能涉足的领域，或者甚至是你不能胜任的。

每个人都有优势，只是每个人的优势不一样，也不可能完全一样。因此，管理自己的第一步便是我们要乐于、敢于去发现自身的优势。有时，看上去没有优势，那只是没有发现我们的潜在优势而已。很多我们熟知的名人在没有发现自己的优势时也常常感觉人生糟糕透了，并备受困难煎熬。

马克·吐温是美国的幽默大师、小说家、作家，也是著名演说家。其幽默、机智与名气，堪称美国最知名人士之一。其交友甚是广泛，迪士尼、魏伟德、尼古拉·特斯拉、海伦·凯勒、亨利·罗杰等，都是他的好朋友。他被誉为文学史上的林肯。这样一位伟人，也因年轻时不知道自己的职业发展优势，试图成为一名商人时却栽了跟头，吃尽了苦头。

起初，他投资开发打字机，赔掉了 5 万美元。随后，他发现出版商因为发行他的作品赚了大钱，心里很不服气，也想发这笔财，于是他开办了一家出版公司。然而，马克·吐温很快又陷入了困境，最终以出版公司破产倒闭而告终，他也因此陷入了严重的债务危机。

经过两次打击，马克·吐温意识到自己毫无经商才能，便转向他所擅长的演讲与写作，开始在全国巡回演说，并利用演讲挣的钱还清了所有债务，越来越有名气。

发现优势，并善于利用自己的优长，便是成功的诀窍。天生我才必有用！不是你没有优势，而是你没有多多思考、没有把自己放对位置！

第二步，避开发展劣势。在规划发展生涯时，如何对待自己的弱点或者说劣势，人们存在着种种误区。有的认为在发挥自己的优势的同时，要弥补自己的劣势；有的认为在发挥自己优势的同时，要克服自己的劣势。我认为，与其将精力花费在弥补和克服自己劣势方面，不如避开劣势，更容易成功。

大家熟知一句话，“江山易改，本性难移”，一个人花在弥补缺点、克服弱点上的时间所产生的效益，要比发挥优势上的时间所产生的效益低得多。比如说，我是一个比较木讷的人，不善于在大庭广众之下说话，但是我比较敏锐，对周围形势的判断比较准确，善于抓住对方的心理。如果我把时间和精力用在改变和克服说话木讷上面，可能今天还在为克服不了这方面的弱点而感到自卑呢，哪还有心思来干自己的事业呢？

一个人花在弥补缺点、克服弱点上的时间所产生的效益，要比发挥优势上的时间所产生的效益低得多。所以，避开劣势，发挥优势，是生涯规划设计的重要法宝之一。

奥托·瓦拉赫是诺贝尔化学奖获得者，他的成长过程说明：一个人要想成功，一定要避开自己的劣势，找到自己的优势，并最大程度地发挥自己的优势。

在开始读中学时，父母为他选择的是一条文学之路。不料，一个学期下来，老师为他写下了这样的评语：“瓦拉赫很用功，但过分拘泥，这样的人绝不可能在文学上有所成就。”

父母只好尊重儿子的意见，让他改学油画。可瓦拉赫既不关心构图，又不会润色，对艺术的理解力也不强，成绩在班上倒数第一。学校的评语更是令人难以接受：“你是绘画艺术上不可造就之才。”

面对如此“笨拙”的学生，大部分老师认为他成才无望。只有化学老师认为他做事一丝不苟，具备做好化学试验应有的品质，建议他学化学。于是，瓦拉赫智慧的火花一下子被点燃，在同学当中遥遥领先……

瓦拉赫的成功，说明了人的智能发展不是均衡的，都有优点和弱点。一个人一旦避开劣势的陷阱，找到自己智能的最佳点，便能够取得惊人的成绩。

尺有所短，寸有所长。每个人都有优势和劣势，只要善于扬长避短，就可以将劣势转化为优势。避开劣势，等待你的是一片宽广天地。精于一门，心无旁骛，你有可能成为专家；百折不挠，自强不息，你有可能创造生命的奇迹。

第三步，不断发扬优势。在《新青年领袖时代》的分论坛中，天则经济研究所荣誉理事长茅于轼在主题演讲中表示，不管是做哪一行，有一点不会错，就是要最大限度发挥你的优势。在规划生涯发展上，它也是攀登人生巅峰的制胜法宝。

当我们发现了自己的优势后，就要不断强化。集中精力发挥你自身的优势。你能够在哪些领域发挥优势，创造出优异的业绩和成果，你就属于哪些领域的胜出者。

这里讲个心理学效应——皮格马利翁效应，也称“罗森塔尔效应”或“期待效应”。由美国著名心理学家罗森塔尔和雅格布森在小学教学上予以验证提出，指人们基于对某种情境的知觉而形成的期望或预言，会使该情境产生适应这一期望或预言的效应。美国心理学家罗森塔尔考查某校，随意从每班抽 3 名学生共 18 人写在一张表格上，交给校长，极为认真地说：“这 18 名学生经过科学测定全都是智商型人才。”事过半年，罗森又来到该校，发现这 18 名学生的确超过一般，长进很大，再后来这 18 人全都在不同的岗位上干出了非凡的成绩。这一效应就是期望心理中的共鸣现象。

期望者通过一种强烈的心理暗示，使被期望者的行为达到他的预期要求。也就是说人心中怎么想、怎么相信就会如此成就。你期望什么，你就会得到什么，这种称为积极期望的态度正是赢家的态度。

同时，我们更要善于打开自已财富的宝藏，发现自己的特长，取得人生的辉煌成功。

励志演讲大师安东尼·罗宾原本是一名贫穷潦倒的小伙子，年轻时身无分文，便跑到银行去打工，每天扫厕所扫七八个小时，一小时赚几美分。26 岁时仍然住在仅有 10 平方米的单身公寓里，生活一团糟，人际关系恶劣，前途十分暗淡。然而，自从他发现自已痴迷演讲、内心蕴藏着无限的潜能之后，他便刻苦演练，发挥特长，很快受到了听众的欢迎。他的生活也开始大为改观，成为一名充满自信的励志成功者。如今，他已经成为一位白手起家、事业成功的亿万富翁，是当今最成功的世界级激发心灵潜能专家、成功的创业家及卓越的咨询顾问，他协助职业球队、企业总裁、国家元首激发潜能，渡过各种困境及低潮。他的著作在全世界已有十数种译本，受益的人不计其数。

还有一个大家都知道的歌手金海心，在她成名之前曾面临两个选择，一个是向唱歌方向发展，一个是向乐器演奏方向发展。因为她觉得她在这两方面都不错，不知如何选择，曾有一段时间为此而举棋不定。后来，作曲家三宝听了她的演唱之后，认为唱歌是她的真正强项，建议金海心放弃乐器演奏，向唱歌方向发展。金海心也就听从建议，不久就在歌坛激烈的竞争中脱颖而出，迅速成名。换句话说，金海心是靠发现、发挥自己的独特优势而取得成功的。如果金海心不能够根据自己的真正强项即独特的唱歌优势做出正确选择，而是错误地向乐器演奏方向发展，很可能现在仍是一名默默无闻的普通乐手。

每个人都有很多潜能尚未被开发出来。将自己作为一个管理者，来管理我们自己的生涯时，要善于激发我们的优势。我们完全可以成为我们自己最大的激励师，去成就非凡的人生！

横向生涯管理——习惯管理

所谓习惯就是人们积久养成的思考和行动的方式。当我们频繁使用某种思考和行动的方式而使它差不多变成了一种自动行为时，习惯就产生了。人是习惯的动物，每个人都有好的习惯和坏的习惯。所谓习惯管理，就是寻找我们拥有的，对自己有较大影响的习惯，并对它们进行有效地引导和管理。好的习惯管理能够帮助我们事半功倍，更快地实现生涯目标。

集中注意力

集中注意力在生涯管理中是非常好的一个习惯。集中思想可以加强能量，一心多用的代价是高昂的。有一种现象叫做“切换时间”，即将注意力从一项任务暂时转移到另一项。例如，你放下手头的工作去回复电子邮件或打电话，这一定会延长完成主要任务所需的时间，最多的会延长25%。这样的事情我们可能都做过。就是当你做一件事情时，被中途打断，当我们再返回来做时，又要重新在大脑中规划思路，非常耗费精力，所以我们应该尽量集中精力去做一件事情。换言之我们要学会把一个个任务分解成一个个可中断的小任务，然后在90~120分钟内集中全部精力去做一件事，再好好地休息一下，接着再全力投入下一项活动，那么你的效率就会高得多。

工作方式 学习方式

每个人的工作、学习方式都是独一无二的。首先，你要搞清楚的是，你是读者型（习惯阅读信息）还是听者型（习惯听取信息）的人，这无疑会对你的习惯有更好的了解。但往往绝大多数人可能还不知道自己是读者型还是听者型。

有一个非常经典的例子，它能告诉我们清晰地了解自己工作方式的习惯是多么重要！

德怀特·艾森豪威尔担任欧洲盟军最高统帅时，一直是新闻媒体的宠儿。他的记者招待会以其独特的风格出名——不管记者提出什么问题，艾森豪威尔将军都从容地对答如流。无论是介绍情况，还是解释政策，他都能够用两三句言简意赅的话就说清楚。十年后，艾森豪威尔当上了总统，当年曾对他十分崇拜的同一批记者，这时却渐渐地瞧不起他了。他们抱怨说，他从不正面回答问题，而是喋喋不休地胡侃着其他事情。他们总是嘲笑他回答问题时语无伦次，不合乎语法。

估计艾森豪威尔不知道自己属于读者型，而不是听者型。当他担任欧洲盟军最高统帅时，他的助手设法确保媒体提出的每一个问题至少在记者招待会开始前半小时以书面形式提交。这样，艾森豪威尔就完全掌握了记者提出的问题。而当他就任总统时，他的两个前任都是听者型——富兰克林·罗斯福和哈里·杜鲁门。这两位总统知道自己是听者型的，并且都喜欢举行畅所欲言的记者招待会。艾森豪威尔可能认为他必须去做两位前任所做的事。可是，他甚至连记者们在问些什么都不十分清楚。这个例子显然并不是偶然。几年后，林登·约翰逊把自己的总统职位给搞砸了，这在很大程度上是因为他不知道自己是听者型的人。他的前任约翰逊·肯尼迪是个读者型的人，他搜罗了一些出色的笔杆子当他的助手，要求他们每次进行当面讨论之前务必先给他写通报。约翰逊留下了这些人，他们则继续写通报。可是他显然根本看不懂他们写的东西。

听者型的人想要通过努力变成合格的读者型是很难的，所以我们不如知道自己的工作与学习习惯，并寻找属于自己的方式，更有助于我们打造成功的生涯。

什么是“读者型”呢？读者型的人善于从书面材料中，从厚厚的报告中获取信息。哪怕是厚厚的长达100页的报告放到他手边，他也不觉得是个负担，反而会满心地期待能从报告中获取相关的资料。“听者型”的人是与读者型的人相反的，给他一本报告，哪怕只有几页纸，他也会感到头疼。他喜欢的是把人叫到自己办公室，听取对方的口头汇报。比如我自己就属于读者型，看长篇文章很容易，并能轻松地掌握主要内容和逻辑，并且复述出来。但听别人讲话后能靠记忆记住的要点则很少。所以在我的生涯中，对于知识以及技能的汲取，便要善于利用书面材料，发挥自己的优势。还有一点：读者型和听者型各有擅长，一般很难跨越转变，这便成就了我们独有的工作方式。经历了大量心理学实验得出的结论——读者型的人不会变成听者型，听者型的人也不会变成读者型，不仅普通人不会，就是精英也不会。

再来看看我们的学习方式。人们接受信息、进行学习，要借助不同的感觉器官，如凭耳朵听，用眼睛看，用手摸等。不同的人对不同的感觉器官和感知通道有不同的偏爱，有些人更喜欢通过视觉的方式接受信息，也有一些人更喜欢通过听觉了解外在世界，还有一些人更习惯通过动手（或身体运动）来探索外部世界，从而掌握有关信息。心理学的有关研究表明，不同认知通道的学习效果是有差异的。我们的学习方式可以分为三个类型：视觉型、听觉型与触觉型。更好地了解自己，有助于我们更好地管理生涯。

来测试一下，你是什么类型的呢?

以下每个问题中请选择一下答案，在你选定的字母上画圈。

1.如果我去度假的海滩上只剩下三个房间了，我会选择：

A.面向大海，但噪音大的

B.能听到大海，但看不到大海的

C.舒服但看不到大海

2.遇到问题时：

A.寻求其他办法

B.就问题展开讨论

C. 重新安排细节

3. 开车时，我希望车内：

A. 看上去很舒服

B. 很安静或声音很强劲

C. 感觉舒服或安全

4. 向别人描述刚刚参加的音乐会或其他活动时，我首先：

A. 描述看上去的样子

B. 告诉别人听到的声音

C. 传达感受

5. 在业余时间，我最喜欢：

A. 看电视或电影

B. 看书或听音乐

C. 身体活动（做手工或园艺）或者体育活动

6. 我认为人一生中都应该体验的一件事是：

A. 形象

B. 声音

C. 感觉

7. 在下面的活动中，我花时间最多的是：

A. 做白日梦

B. 倾听自己的思想

C. 俯拾自己的感受

8. 当别人试图说服我时：

A. 我希望看到依据或证据

B. 我通过交谈取得共识

C. 我相信自己的直觉

9. 我通常说话和思考速度：

A. 快

B. 中等

C. 慢

10. 通常我的呼吸来自：

A. 胸腔上部

B. 胸腔下部

C. 腹部

11. 在一个陌生的城市找路时：

A. 我看地图

B. 我问路

C. 我相信直觉

12. 买衣服时，对我来说最重要的是：

A. 看上去得体

B. 衣服代表我的个性

C. 感觉舒服

13. 选择进餐环境时，我主要考虑：

A. 餐馆看上去不错

B. 能听见自己谈话

C. 舒服

14. 我做决定的速度：

A. 快

B. 一般

C. 慢

看看 A、B、C 三项你选择哪项最多，就倾向于哪一种。

A 属于视觉型，你在学校上课时多数时间视线紧随教师，对自己看过的事物记忆深刻，如果看不到教师，就好像什么也没听到。同时，视觉型的人从小非常听老师的话，一般来说不做越格的事，能认真复习、写作业。但他们对别人说的话容易有“左耳人，右耳出”的状况。

B 属于听觉型，他们上课时以听为主，主要特点是说起话来很慢，而且往往说话时不看对方的脸。他们容易记忆及复述别人说话，温习时爱读出声音，很会模仿，到了陌生的地方能很快学会地方方言。他们重视环境的宁静，难以忍受噪音。

C 属于触觉型，往往就是小学、幼儿园里的淘气包，总是不断地在惹事。他们生命力强健，他们关注的东西非常多，具有创造性，只是可能不适合我们今天的教育模式，因为强迫他们坐在课堂里不动，他们就会感觉非常无聊乏味。他们喜欢与别人近距离接触、身体语言较多，喜欢运动及动态活动。

视觉型：

惯用视觉的人因为他们处理事情都通过先用双眼去看，而眼睛的学习能力最快，可以在同一时间里接收到多项讯息，日子久了，他们发挥视觉能力熟练了，他们的行为模式便会有以下的特征：

1. 头多向上扬、行动快捷、手的动作多而且大部分在胸部以上。

2. 喜欢颜色鲜明、线条活泼、外形美丽的人或物。

3. 能够在同一时间兼顾数项事物，并且引以为荣。

4. 喜欢事物多变化、多线条、节奏快。

5. 要求环境清洁，摆设整齐。

6. 坐不定，多小动作。

7. 衣着得体，颜色配搭很好。

8. 说话简短轻快、声调平板、不耐烦冗长说话。

9. 批评的说话多针对速度、时间、烦闷、单调。

10. 说话一开始便入题，两三句便说完。

11. 说话大声、响亮、快速。

12. 在乎事情的重点，不在乎细节。

13. 呼吸较快而浅，用胸之上半部呼吸。

听觉型：

惯用听觉的人因为他处理事情都先通过用双耳接收并运用文字，日子久了，他发挥听觉能力熟练了，他的行为模式便会有以下的特征：

1. 说话内容详尽，或会有重复的情况出现。

2. 在乎事情的细节。

3. 多说话，而且往往不能停口。

4. 重视环境之宁静，难以忍受噪音，注重文字之优美，发音正确等。

5. 对用字很注重，不能忍受错字。

6. 喜欢事物有节奏感。

7. 事情注重程序、步骤，按部就班。

8. 说话中常有描述性或象征性的声音。

9. 说话中常用连接词。

10. 说话声音悦耳，有高低有快慢，往往善于歌唱，喜欢找聆听者，本人亦是良好的聆听者。

11. 头常倾侧，常出现手势是手按嘴或托耳下，手或脚常打拍子，走路时不徐不疾，中间表现出规律。

12. 坐着时眼球多转动（内心在自言自语），常有有节奏感的身体语言。

13. 呼吸平稳。

触觉型：

惯用触觉的人因为他处理事情都是用他内心的感觉去领航，日子久了，他发挥感觉的能力熟练了，他的行为模式也会有以下的特征：

1. 注重人与人之间的关系。

2. 喜欢别人的关怀，注重感受、情感、心境。

3. 不在乎好看或好听，而重视意义和感觉。

4. 头常向下作思考状，行动稳重，手势缓慢并多在胸部以下。

5. 坐着时静默、少动作、头多下倾、呼吸慢而深。

6. 说话低沉而慢，使人有深思熟虑的感觉，多用价值观的字。

7. 不善多言，可长时间静坐。

8. 说话多提及感受、经验。

9. 往往不能一次说完一句完整的句子，而要分两三次才能说完。

10. 批评的说话多针对别人对他的态度、事情不如意等。

阅读习惯

科里写道：“88% 的富人每天会至少阅读 30 分钟，内容以自学和自我提升类阅读为主。大多数人都不会为了娱乐去读书，富人阅读是为了获取知识。”

科里发现他们倾向于阅读三类书：成功人士自传、个人修养或发展类书籍、历史类书籍。

由此可见，要想获得一个成功的生涯，要将阅读内化为我们的习惯。

时间习惯

对于时间的准确把握对我们的生涯管理益处很大。

准时是一个看似不起眼，却可以使一个人终身受益的好习惯。准时的意义并不仅仅在于是否在定好的那一刻到达，准时更是一个人的生活态度。一个准时的人往往很懂得怎么规划自己的生活，他们会把生活安排得井井有条。与此同时，也将成为一个值得信赖的人。

延长时间、不及时办理事情往往错过解决问题的最好时机，而使问题变得更加复杂。那些没有及时解决的问题会由小变大、由简单变复杂，像滚雪球那样越滚越大，解决起来也越来越困难。有拖延习惯的人常常陷于这种恶性循环之中难以摆脱。在我们的生涯里，拖延会使我们陷入一次次管理危机。当然，拖延不一定是不勤奋，有很多人终日看起来也是忙忙碌碌的，却没什么大作为。这类现象也是现在我们很多人的通病——做事不分轻重缓急、缺乏条理性。

我们每天做的大部分选择可能会让人觉得是深思熟虑决策的结果，其实并非如此。人每天的活动中，有超过40%是习惯的产物，而不是自己主动的决定。虽然每个习惯的影响相对来说比较小，但是随着时间的推移，这些习惯综合起来却对我们的健康、效率、个人经济安全以及幸福有着巨大的影响。

习惯形成后，我们的大脑进入省力模式，不再全心全意地参与决策过程，所以除非你刻意对抗某个习惯，或是意识到其他新习惯的存在，否则该行为模式会自然而然地启动。

《习惯的力量》一书中把“习惯”比喻为飞驰的列车，惯性使人无法停步地冲向前方。前方有可能是天堂，有可能是深谷，习惯就是你的方向盘。所以说“行为变成了习惯，习惯养成了性格，性格决定命运”。“习惯”就是一点一滴、循环往复、无数重复的行为动作养成的。好的习惯、坏的习惯莫不如此，只是结果不同。所以，我们要把生涯管理变成优秀习惯的管理，从而把命运之舟推向成功的彼岸。

横向生涯管理——勿忘初心

曾经读过这样一个给我启发极大的故事。老教授和一群学生在一起时给他们出了一道题。

老教授问：“如果你去山上砍树，正好面前有两棵树，一棵粗，另一棵细，你会砍哪一棵？”

问题一出，大家都说：“当然砍那棵粗的了。”

老教授一笑，说：“那棵粗的不过是一棵普通的杨树，而那棵细的却是红松，现在你们会砍哪一棵？”

大家一想，红松比较珍贵，就说：“当然砍红松了，杨树又不值钱！”

老教授带着不变的微笑看着学生，问：“那如果杨树是笔直的，而红松却七歪八扭，你们会砍哪一棵？”

学生们觉得有些疑惑，就说：“如果这样的话，还是砍杨树，红松弯弯曲曲的，什么都做不了！”

老教授目光闪烁着，大家猜想他又要加条件了。果然，他说：“杨树虽然笔直，可由于年头太久，中间大多空了。这时，你们会砍哪一棵？”

虽然搞不懂老教授的葫芦里卖的什么药，学生们还是从他所给的条件出发，说：“那还是砍红松，杨树中间空了，更没有用！”

老教授紧接着问：“可是红松虽然不是中空的，但它扭曲得太厉害，砍起来非常困难，你们会砍哪一棵？”

学生们索性也不去考虑他到底想得出什么结论，就说：“那就砍杨树，同样没啥大用，当然挑容易砍的砍了！”老教授不容喘息地又问：“可是杨树之上有个鸟巢，几只幼鸟正躲在巢中，你会砍哪一棵？”

终于，有人问：“教授，您到底想告诉我们什么？测试些什么呢？”

老教授收起笑容，说：“你们怎么就没人问问自己，到底为什么砍树呢？虽然我的条件不断变化，可是最终结果取决于你们最初的动机。如果想要取柴，你就砍杨树；想做工艺品，就砍红松。你们当然不会无缘无故提着斧头上山砍树了”！

看看，只有心中先有了目的，做事的时候才不会被各种条件和现象迷惑。因此，最关键的管理是勿忘初心。要经常提醒自己，我们的目的是什么，我们想要得到的是什么。

在设计你的生涯、管理你的生涯时，都要记住不忘初心。这样不仅会节省能量，更能让你更好地面对、解决生活中种种的意想不到。

管理在于心，更在于行！明确方向，勿忘初心；打造品质，建立核心竞争力；管理能量，实现自我！

第八章

创造你的生涯

“你本来就该拥有精彩的人生”！《秘密》一书作者朗达·拜恩如是说道。

确实如此，你怎么知道下一个被人们羡慕、赞叹、津津乐道的人物就不是你呢？莎克蒂·高文就说过，你生命中的每一刻都有着无限的创造力，而且宇宙是无尽的丰足。只要提出一个够清楚的请求，你内心渴望的一切必定会来到你面前。读到了这章，相信你应该做好准备创造属于自己的生涯了！

也许，这个时代最大的特征就是变化。快速的变化蕴藏着危机、迷茫，但更隐藏着多彩与机会，这个变化的时代魅力无穷。然而在这样一个变化极快的时代，仅仅知道规划恐怕就跟不上时代的步伐了，更要学会的是创造！

读到过一则报道：2010 年，中国中小企业的平均寿命是 2.97 年，世界 500 强是 40 年，而世界 1000 强是 30 年。对于大多数人来说，我们的职业生涯有多长呢？如果 25 岁参加工作，65 岁退休，那就是 40 年。这意味着假设你一毕业就创业，一创业就创成了世界 500 强。那么在你退休的那一年，公司正好倒闭了。

当我们了解到世界 500 强平均寿命只有 40 年时候，我们就会更容易明白，我们事业生涯的短暂。我们不可能不换工作，有人一辈子甚至至少会换五到七份工作，而且可能换两到三个行业。其实不仅公司命短，行业的命运也如此。一辈子都在同一个公司、同一个行业、同一个领域会变得越来越难，做个有创造力的人非常关键，创造属于自己的生涯才能真正立足于社会，真正实现幸福！

适者生存

生存者并非最强大，也并非最机敏，而是最适应转变者，即适者生存。

——达尔文

以前我在《思考者的天空》一书中就有专门的一篇文章来写达尔文的《物种起源》，真的觉得这本书对我们的人生智慧是有很大启迪的。在写生涯规划这本书时，曾深入思考过是否要创造一门新的学科——生涯生态学，现在也一直在研究。在“创造生涯”这一章里，也引进一点生态学的概念进来。

当今社会，经营我们的生涯不再只是求生存，更是我们追求更高生命意义的依托。生涯规划也不仅是选择一种谋生形式，而是在世界中选择了一种生存文化；我们生涯的发展实际上是创造自己的生存空间和生活条件，更是创造一种职业文化。

如果我们想创造出有价值的生涯，要符合大的生态环境，并且要有智慧。

构建个人—单位—社会生态链

举个简单的例子：虫子吃植物以及一些微生物；一些鸟类和小型哺乳类的动物吃虫子；而它们又是其他一些飞禽走兽的食物；这些飞禽走兽的排泄物以及死后的躯体又为植物提供了营养，这就构成了一条生态链。拿我们个人来讲，应该说我们为自己创造的生涯要能为社会提供价值，而每个人为社会创造的这些价值又会让我们更好地生活，我们创造价值的同时也就成功地经营了我们的生涯。这里面最关键的一个问题便是职业定位，个人要有准确的职业定位，并提升自己的能力，来适应社会这条生态链。

整合资源能力

在自然界中，想要生存的最基本定律就是“物竞天择，适者生存”，我们的人生旅途更是如此。我们要想在社会中活的出彩，有令人骄傲的生涯，也要学会综合利用家庭、社会和自然等各个方面的资源，整合创造为自己所用，充分发挥各方力量。要打破自己学科、专业上的界限，融通多领域知识与技能，培养自己的跨界整合能力，创造唯我所有的核心竞争力，将知识结构与能力结构进行全面优化，实现长足的发展。

创造生涯，不要让你的生涯死在舒适区

科学家们在考察花样滑冰运动员的训练时，发现在同样

的练习时间内，普通的运动员更喜欢练自己早已掌握了的动作，而顶尖运动员则更多地练习各种高难度的动作。

普通爱好者打高尔夫球纯粹是为了享受打球的过程，而职业运动员则集中练习在各种极端不舒服的位置打不好打的球。

程式化的工作可能让你感到安心和具有掌控感，但实际上它们会使你变得迟钝！真正针对卓越成就做的练习不是为了完成运动量，练习的精髓是要持续地做自己做不好的、让自己觉得困难的事！

其实要提到的就是一个舒适区的概念。舒适区，又称为心理舒适区，在这个区域里，人会觉得舒服、放松、稳定、能够掌控、很有安全感。一旦走出这个区域，人们就会感到别扭、不舒服，或者不习惯。从正面来看，舒适区是一种认知模式，它帮助人们维护自我形象，建立心理防御屏障，能够起到一种避风港、稳定情绪的作用。但是沉溺于“舒适区”的人，会不思进取、故步自封，懒惰、松懈、倦怠和保守，久而久之，会感到迷茫和无助，没有危机感，甚至产生自我麻痹感，对现状充满着一定的满意度。既没有强烈的改变欲望，也不会主动地付出太多的努力，所有的行为，无非是为了保持舒适的感觉而已。这也是很多少年得志的人一生较难有大的作为的原因，因为他习惯于在积极的舒适区里生活，并总是自我感觉良好。生活中的各种习惯常常让我们渐渐习惯安逸，便不知不觉渐渐失去了改变的能力、渐渐安于舒适区而没有发觉，并且让你忘了那些你曾经很想做的事。

舒适区是剥夺我们改变、创造能力的凶手，也是我们生涯止步不前的罪魁祸首。成功的人总是知道这一点，并且勇于让自己跳脱舒适区，勇敢挑战自己的梦想。

全新的陌生环境与有压力的改变会促使大脑的特定部位释放多巴胺，这就是“大脑兴奋剂”。只有它们被激活，你才能感受到生命的新鲜与活力。伟大的事情从来都是诞生在舒适区之外！

挪威人喜欢吃沙丁鱼，尤其是活鱼。市场上活鱼的价格要比死鱼高许多，所以渔民总是想尽办法让沙丁鱼活着回到渔港。可是虽然经过种种努力，绝大部分沙丁鱼还是在中途因窒息而死亡。但却有一条渔船总能让大部分沙丁鱼活着回到渔港，船长严格保守着秘密，直到船长去世，谜底才揭开。原来是船长在装满沙丁鱼的鱼槽里放进了一条以鱼为主要食物的鲶鱼。鲶鱼进入鱼槽后，由于环境陌生，便四处游动，沙丁鱼见了鲶鱼十分紧张，左冲右突，四处躲避，加速游动。这样沙丁鱼缺氧的问题就迎刃而解了，沙丁鱼也就不会死了。这样一来，一条条沙丁鱼活蹦乱跳地回到了渔港，著名的“鲶鱼效应”也由此得名。如此可见，压力与不太舒适的环境恰恰给我们带来生机，创造我们的生涯更是需要这份不舒适与不安逸。

有一次和父母聊到我现在的爱好以及快乐的源泉，我说是朝着喜爱的事业努力、每日读书、抽时间旅行、坚持运动以及发现新事物并试着改变。爸妈听了之后为我感到高兴，觉得这样的我会很快乐。其实他们不知道的是，每个人都有很大的惰性，我也如此，让自己持有这几个习惯能帮助我走出舒适区，并以此为乐。当你发现自己在舒适区待了太久时，可以试试我说的这几件事。

大胆尝试做自己喜爱的事业。舒适区总是渐渐剥夺我们可以改变的能力，让我们渐渐忘记曾经想要做的事，特别是自己热爱的那些事。当你在忙碌时，一定要时常问问自己是否正在做自己热爱的事，你应该把时间留给你认为最重要的事情上。

让书籍成为你最好的挚友。怠惰的天性容易让我们停止学习。养成阅读的习惯可以帮助你克服这一点，重新找回不断学习的能力。当你拥有持续不断学习的能力，才能做出一些改变。

抽时间去旅行吧。放个长假、安排一趟旅行。旅行的重点不是单纯去玩，而是有时间重新思考自己人生的意义、调整好自己的步伐。旅行最能让人感悟与成长，有时候，一次旅行也许会让你发现自己人生真正重要的是什么。

坚持运动。坚持运动除了会让我们身体更好地积蓄能量外，本身从工作或是娱乐中转换到运动频道就是一种改变，这可以让我们不自觉地更容易转换自我、改变环境。

学习新事物，多尝试改变。试着学习一些技能，最好是你喜欢的也可以用于工作上的技能。学习新技能可以让你的能力与日俱进、越来越好，拥有更多能力去创造改变。

还有请记住的是，如果你不满意现状，那么就试着改变它，千万别就此屈服或是放弃。再重复一遍，别让自己安于舒适区！

用智慧，创造出属于自己的生涯

说起创造，中国人大多会想起鲁班。鲁班的发明创造很多。《事物绀珠》《物原》《古史考》等古籍记载，木工使用的不少工具器械，如曲尺、墨斗、刨子、钻子，以及凿子等都是鲁班发明的。另据《世本》上记载，石磨也是鲁班发明的。传说鲁班用两块比较坚硬的圆石，各凿成密布的浅槽，合在一起，用人力或畜力使它转动，就把米面磨成粉了。这就是我们所说的磨，在此之前，人们加工粮食是把谷物放在石臼里用杵来舂捣，而磨的发明把杵臼的上下运动改变做旋转运动，使杵臼的间歇工作变成连续工作，大大减轻了劳动强度，提高了生产效率，这是古代粮食加工工具的一大进步。

鲁班的发明创造其实比我们能想象的要多得多，散见于战国以后的书籍中，主要有：

（1）机封，即用机械的方法下葬季康子之母，其技巧令人信服。

（2）农业机具，《物原 · 器原》记载他制作了砻、磨、碾子，这些粮食加工机械在当时是很先进的，《古史考》记载鲁班制作了铲。

（3）木工工具，《物原 · 器原》记载鲁班制作了钻，也有记载说曲尺也是鲁班所发明。

（4）锁钥，鲁班改进的锁钥，形如蠡状，内设机关，凭钥匙才能打开，能代替人的看守。

（5）兵器，《墨子 · 鲁问》记载鲁班将钩改制成舟战用的“钩强”，楚国军队用此器与越国军队进行水战，越船后退就钩住它，越船进攻就推拒它。《墨子·公输》则记载他将梯改制成可以凌空而立的云梯，用以攻城。

（6）仿生机械，《墨子·鲁问》又记鲁班削木竹制成鹊，可以飞三天。另据《鸿书》记载，他还曾制木鸢以窥宋城。《论衡·自纪·儒增》记述了一种传言，说他制作了备有机关的木车马和木人御者，可载其母。

（7）雕刻，《述异记》记鲁班曾在石头上刻制出“九州图”，这大概是最早的石刻地图，此外，古时还传说鲁班刻制过精巧绝伦的石头凤凰。

（8）土木建筑。《事物纪原》和《物原·室原》都记载鲁班创制铺首，即安装门环的底座。古时民间还传说他主持造桥，等等。

之所以这么细致地罗列鲁班的大众发明创造，实际上是给我们自己的生涯创造提供了一个思路。其实，鲁班本身就是用不断发明创造出了自己的生涯。也许，在不久的一天你会发现，你创造的不仅是生涯，更是奇迹！

要自信，我就是独一无二的

龙应台曾经有一篇比喻人生的小短文。设想在一个跑道上，有人正在跑五千米、有人在拼百米冲刺、也有人在做清晨的散步。跑五千米的人，看见那个跑百米的人全身紧张、满面通红，心里会“颤抖”吗？不会的，因为他知道自己是跑五千米的。清晨散步遛狗的人，看见那跑五千米的人气喘吁吁地追过来了，他会因此而恐惧、觉得自己要被“淘汰”

了吗？不会的，因为他知道自己是来散步的。你真的“平庸”吗？其实要看你自己站在哪一条跑道上。如果你决定做清晨散步的人，怎么会有“平庸”的问题呢？会不会你的气定神闲、温和内敛、沉静谦逊，反而就是你最“杰出”的人格特质呢？创造出属于你的那条独特的跑道，你便不会迷茫与苦闷，生活便充满了欣喜与希望！

用欢乐的心态创造你的生涯

人生不仅应该是有意义的、无悔的，更应该是有趣的。《会玩，可能是未来30年最重要的能力》，这是网上转的热火朝天的一篇文章。确实，在我们创造生涯时，切记不能忘记了娱乐精神。当我们物质水平越来越高，科技发达程度越来越高时，恐怕活得高兴与舒适会成为我们新的追求。

会玩不但能使你创造之旅不乏味，更能令其大放异彩。心愿规划师、旅游体验师、各款各类手机的APP、各类收视娱乐节目，都是源于其保有可贵的娱乐精神。相信投身于这些行业的名人们也都忙得不亦乐乎，幸福满满吧！

会玩，当然是健康地玩，需要好奇心，需要敏锐的观察力和丰富的想象力；会玩，更需要能力支撑。比如：发现新问题的能力、组织策划的能力、沟通表达的能力。会玩，更是一种精神，一种将生活过得滋润多彩的精神，一种创造快乐感知幸福的精神！正如《力量》一书中写的：当你在玩的时候，你的感觉十分美好——于是真正美好的情景就进入你的生命了。

敢于尝试，人生一切皆有可能

敢于尝试就是勇者、开拓者、创新者！老天会给你意想不到的嘉奖！许多伟大的人物，如达尔文、富兰克林、伽利略、萧伯纳等，大多是敢于探索未知的先驱者。其实他们在许多方面与普通人一样平常，最大的区别可能就在于他们敢于走常人不敢走的路。

美国大发明家爱迪生，在改革弧光线的实验中为了使实验达到满意的效果，需要寻找一种能经住热度 2000 度燃烧 1000 小时以上的灯丝。如果不是勇于尝试，先后做 1600 种不同的实验，也许我们光亮世界的时间不知会被耽搁多久。

一旦你敢于探索这些陌生的领域，便有可能切实体验到人世间的种种乐趣。想想啊，人生就活一次，我们为什么不能勇敢些？有什么梦想，尝试一下吧，就算失败了，人生也不会就此毁掉啊！

在一定程度上，你可以想做什么就做什么，其原因只不过是你愿意这样做，这种思考方式将为你拓展生活的新天地，将为你的生涯带来不一样的惊喜。

正如那些年老爸曾读给我的诗《梦想、胆量与辉煌同在》：

人生有无数个梦想，

便会有无数个艰难和危险。

梦想攀登一次雪峰，

会有跌落深渊的危险。

梦想体验一次探险远游，

会有迷失方向的危险。

梦想插上双翼在天空翱翔，

会有摔坏翅膀的危险。

梦想博览群书，

会有累坏双眸的危险。

梦想考试名列前茅，

会有考场失利的危险。

梦想实现一个庄严承诺，

会有轻言失诺的危险。

生有死的危险，

希望有失望的危险，

快乐有生悲的危险，

尝试有失败的危险。

当时光悄悄过去，

那些不曾有过梦想的人，

那些害怕冒险的人，

什么也不会有，

什么也不会是，

只能羡慕地望着胜利者，

让悔恨伴随自己到生命的终点。

而那些不怕失败、跌倒再起的人，

那些敢于尝试、勇于去拼搏的人，

为自己撑起了意志和向上的风帆。

胜利与冒险无处不在，

智商和胆商缺一不可，

光荣与梦想紧紧相连。

幸运和幸福的女神，

会一直祝福勇敢的人，

走向事业辉煌的彼岸！

做个勇者，敢于尝试，一切皆有可能！

梦想、胆量与辉煌同在！

真正的创新与创造，是创造可能性，创造我们自己的生涯。就是用我们的想象力，发挥我们的潜能，实现我们的梦想，创造新的可能性。

让我们为了无悔的一生，开启我们的生涯创造之旅吧！

Part 5

生涯·幸福遇见

※人生充满变数，一个人的成败与否，不单看他的资历，更重要的是看他的毅力。人应该有梦想，否则就失去了奋斗的目标与方向，但成为大事者的条件必须日积月累地做好准备。

※人生规划既是一个实现你终生目标的时间坐标，也是一个实现那些影响你日常生活的无数更小目标的时间坐标。人生规划是要使你的注意力集中起来，在一个特定的时间范围是充分地利用你的脑力和体力。事实上，注意力越集中，能力的发挥就越有效。很多时候，坚持，就是你最大的胜利筹码！

第九章
不一样的遇见

每个人的生涯都有着不一样的故事，看看名人的成长故事，你会发现生涯规划不一样的魅力！

他们，因为坚持兴趣而成功

每个人朝着自己渴望的方向成长是最快乐也是最能拼尽全力的。如同小虫，即使光亮之于它是死亡的陷阱，它也会朝着光亮拼尽全力飞翔；如同藤草，纵然外界有阻碍，它依然会顶破牵绊，朝着自己的方向坚韧地伸展。爱好，已被当下很多年轻人们视为奢侈品，然而你想到没有，很多伟人正是由于对爱好的执着与热爱才成就了伟业！如科学家居里夫人、如画家梵高、如植物学家法布尔……太多太多这样的例子，他们，便是因为坚持自己的兴趣而成功的人！

“找到你真正喜欢做的事”——赖斯

美国《福布斯》杂志 2004 年、2005 年连续将她评为全球 100 名最有权力的女性第一名。《时代周刊》在 2005 年将其评为当今全球 100 名最有权力的人之一，并将其列入能够改变世界历史进程的政治领袖人物与革命家之列。她是斯坦福大学历史上第一位黑人女性教务长，是美国历史上第一位黑人女性国家安全顾问，是美国历史上第一位黑人女性国务卿。

赖斯曾向她的学生建议说："在学习中发挥你们的激情。你们在大学只有四年时间，如果在大学四年中某个早上起床时你们找到了这种激情，那正是你们所需要的"。她还对一些学生家长们建议说："当你们的孩子回家跟你们说，'我打算选学古意大利伊特拉斯坎艺术'时，请不要惊慌。谁知道他们将来会做什么呢？也许哪一天他们会改变主意，学一门他们将来能够谋生的专业。除非你能找到你真正喜欢做的事情，否则你是永远不能真正成功的"。**赖斯认为，热爱自己从事的事业，对学习与工作充满激情，是一个人成功的基本前提条件。**

美国前国务卿康多莉扎·赖斯应湖南涉外经济学院青年领导力论坛的邀请，以"教育的重要性"为主题进行了演讲。主要内容包括：

1. 你的目标从来都不仅仅是找到一份工作，而是找到一件能够激励你从早到晚为之奋斗的事情。

2. 在大学里，最重要的是找到自己真正的兴趣所在。一定要听从内心的想法，问问自己到底想要做什么、擅长什么。

3. 当你年老的时候，你会发现，很大一部分愉悦感以及成就感是来自于做那些曾经对你而言很困难的事情。

4. 英雄不问出处。

5. 只有真正热爱的事情才能成就你。

“因为喜欢，才会投入，才愿意付出”——郭晶晶

郭晶晶作为“梦之队”的领军人物，多次获得奥运冠军，然而，她的跳水生涯并不像伏明霞那样顺利。她连续经历了两届奥运会的失败，骨折，改变技术，视网膜脱落……是什么支撑她一路向前、风雨无阻?

就是因为喜爱!

五岁便开始跳水的郭晶晶，对于跳水有着极大的热爱。从五岁就有了明确方向的她，比起同龄人有了更多的毅力与坚持。幼年的郭晶晶刚进入业余体校时，教练说郭晶晶膝盖骨有些外突，影响空中造型，郭晶晶便要父亲每天坐在她的膝盖上，用强行压腿的办法纠正这个缺陷。郭晶晶的父亲当时重 70 公斤，每次压腿，郭晶晶都疼得打颤。两年后，郭晶晶的膝盖真的被压平了。

1996 年奥运会后，郭晶晶训练时摔坏腿，开放性骨折，按常规处理是要打钢钉，一年后再取出。但对于运动员来说，多做手术会影响训练，打着石膏的郭晶晶回到河北等待伤口慢慢愈合。养伤期间，她长高 5 厘米，体重增加 20 斤，腿也成了一条粗一条细。卸掉夹板当天，郭晶晶就凭着坚定的信念回到了跳板上，在闷热不堪的游泳馆，穿着厚重的出汗服跑步减肥。5 个月后，她瘦了 15 斤，两条腿也练得一样粗细。这一切常人难以想象的磨难都因为热爱而执着坚持了下去。

“我想学，你教我！”——刘谦

2013年4月，刘谦在意大利圣文森获得了欧洲电影及艺术界历史最悠久的奖项——格罗拉魔术金奖，他是第一个也是唯一拿到这个奖的华人。这是继国际魔术协会梅林奖、亚洲魔术协会十年一度杰出魔术师奖以及好莱坞魔术艺术学院全球“年度魔术师”大奖后，刘谦的又一座国际魔术大奖。

他喜欢说：“各位，接下来就是见证奇迹的时刻！”其实，他的成功路上并不是魔术般奇幻，他在追求成功的道路上也是一个经历坎坷艰辛的普通人，命运并没有特别眷顾和垂青他。他自幼便迷上了魔术，然而父母亲人的不支持使他的魔术之路走得异常艰辛。多年来，他都以惊人的毅力在潜心跋涉着。他经受了酸甜苦辣咸的各种生活滋味。他被人嘘过，被人泼过粪，还因为拿错道具，假戏真做，生生将一管牙膏吞进肚里……然而能支撑他走下来的最主要原因，便是执着与热爱！

成为梦想行动派——“85后”新偶像兰玉

“85后”的兰玉已是国内知名的高级时装定制师，罗海琼、胡可、董璇、谢娜、黄圣依、李小璐等很多名人的婚纱均出自兰玉之手。年纪轻轻的她是如何打造出自己的品牌、取得骄人的成绩呢?

兰玉说自己喜欢做婚纱设计，因为婚纱能实现所有的想法。她说：“设计师是一个帮助别人实现梦想的人，像一个小仙女或小天使一样的东西，你想要什么她给你什么。”她从高二就喜欢上服装设计，所以高中毕业后考入北京服装学院，由此开始了自己的追梦之旅。追梦的路途是坎坷的，但更是快乐的，成功之后的巅峰体验更是无人能及的！

这就是兴趣的最大魅力，它不仅是前进的动力，更能使人释放巨大的潜能！“去做你真正热爱的事吧，活出生命所有的可能！”这是珍妮·苏克（37岁成为哈佛学院终身教授，亚洲唯一获此殊荣的女性）送给年轻人的话！美国心理学家威廉·詹姆士认为，一个正常健康的人，只运用了其能力的10%，尚有90%的潜力。美国人类潜能研究专家H·A·奥托在其发表的《人类潜在能力的新启示》一文中指出：“据最近估计，一个人所发挥出来的能力，只占他全部能力的4%。我们估计的数字之所以越来越低，是因为人所具备潜能及其源泉之强大。根据现在的发现，远远超过我们10年前的估测”。控制论奠基人之一的N·维纳说：“可以完全有把握地说，每一个人，即使他是创造了辉煌功绩的人，在他的一生中利用他自己的脑潜能还不到百亿分之一。”由此看出人类潜能之巨大。但是潜能并不会在普通的日常生活中表现出来，一种是只有在人一旦遇到意外情况，特别是在遇到危及性命的紧急情况下，人脑的新皮质部位、脑干部位会一起动员起来，在激素的作用下，人的潜能包括潜在的体力会一起迸发出来，创造人间奇迹。另一种可诱发性，是指人本来没有某种能力，经过教育、培养，能出现这种能力。其实对一件事情的兴趣与执着可能很可能激发出个人的潜能，从而创造奇迹。兴趣是最好的老师，跟着兴趣走到哪儿都是自己的主场！

他们，事业与爱好并行不悖

很多时候，工作未必是我们真正的兴趣所在，但是人生就是有诸多无奈；也有人说，将兴趣变成自己的工作有可能会减少爱好所带来的快乐。其实，事业与爱好并行不悖，很多人可以将事业做得风生水起，也可以将爱好玩得淋漓尽致甚至能够辅助自己的事业！

特色文化地产商——黄怒波

在媒体口中，他是“冰岛岛主”；在众人眼中，他是巨商富豪；然而，在黄怒波自己看来他更是一个诗人和登山家。多年来，黄怒波成功游走于爱好与事业之间，成为福布斯排行榜第161为富豪，2011年斥资880万美金购入冰岛300平方公里土地打造旅游生态度假村。他更是跟随自己的心意，从未放弃过自己的爱好，并能使事业与爱好并行不悖、相互促进。他攀登过世界上的9大高峰，他还喜欢深夜写诗，在诗歌的世界中，用细腻忧郁的文字描绘自己的人生、梦想和忧伤，先后出版《落英集》《都市流浪集》等诗集。

生命可以一直灿烂地燃烧——方励

他1991年创建了劳雷工业公司，在地球科学和海洋科学技术领域都获得极大的商业成功；在2000年创建了劳雷影业公司和北京劳雷影视文化有限公司，并拍摄制作了多部影视剧。他有着多重身份，是电影制片人，投资出品人；他是事业场上的高手，同时经营21家公司。他每天只睡4小时，却可以时刻保持神采飞扬的状态。

这就是方励，他坚信生命在于折腾，他乐于探知世界，有着诸多的兴趣爱好，并乐于与所有人分享。他有主业，有自己的事业。他知道自己是谁，所有的转型或者一次次新的探索都建立在他对自己有着清醒认知的基础上，并已经实现了社会价值和个人价值的匹配，但是他也能让自己的人生很快乐，一直保有自己的爱好并不断探索。

这何尝不是我们所向往的人生？其实，即便爱好不能做成事业也要学会坚持，那会丰富你不一样的人生。而且说不定你的爱好会给你的事业带来意想不到的助力与惊喜！

他们，因为发现并利用自己的天赋与能力而取得成功

内心的喜好是推动事业进步的最大动力，它能帮你克服困难，坚持到底。而如果你喜欢的事情有很多，要挑选自己最擅长做的事，这样就能在感受快乐的同时也取得超乎常人的成就。台州学院龚建立校长在学生的毕业典礼上说道："去找到自己擅长并喜欢做的事情，然后为了它，不安于现状，不得过且过，不害怕失败。幸福从哪里来？这是一生都要去思考并为之奋斗的命题，你们的人生价值将由你们自己去实现！"一个人若是发现不了自己的能力便会一事无成，能力是成功的资本！诗人济慈、雪莱、作家三毛、张爱玲等都是因为发现并利用自己的天赋与能力而取得成功！

美国经济学家舒尔茨写给儿子的家书——能力是成功的资本

亲爱的汤姆：

你知道吗？一个人没有能力，将会一事无成，因此，能力是成功的资本。但对很多人来说，发现自己的能力即擅长能做什么事，是一个比较困难的问题，因为他们宁可相信别人，也不相信自己。其实，任何人都不必看轻自己，要相信自己的能力是独一无二的。社会上大多数的人，只会羡慕别人，或者模仿别人做的事，很少有人能认清自己的专长，了解自己的能力，然后锁定目标，全力以赴，因而不能够成大事。这种人只能怪罪自己。

据调查，有 28% 的人正是因为找到了自己最擅长的职业，才彻底地掌握了自己的命运，并把自己的优势发挥到淋漓尽致的程度。这些人自然都跨越了弱者的门槛，而迈进了成功者之列。相反，有 72% 的人正是因为不知道自己的“对口职业”，而总是别别扭扭地做着不擅长的事，因此，不能脱颖而出，更谈不上成大事了。实际上世界上大多数人都是平凡人，但大多数平凡人都希望自己成为不平凡的——成大事者，使梦想成为真事，才华获得赏识，能力获得肯定，拥有名誉、地位、财富。不过，遗憾的是，真正能做到的人，似乎总是不多。

儿子，如果你用心去观察那些成大事的成功者，几乎都有一个共同的特征：不论聪明才智高低与否，也不论他们从事哪一种行业、担任何种职务，他们都在做自己最擅长的事。

从很多例子中可以发现，一个人的“成就”要来自他对自己擅长的工作专注和投入，无怨无悔地付出努力，才能享受甘美的果实。

一位知名的经济学教授曾经引用三个经济原则做了贴切的比喻。他指出，正如一个国家选择经济发展策略一样，每个人都应该选择自己最擅长的工作，做自己专长的事，才会胜任。换句话说，当你在与别人相比时，不必羡慕别人，你自己的专长对你才是最有利的，这就是经济学强调的“比较利益”。这是第一原则。

第二个是“机会成本”原则。一旦自己做了选择之后，就得放弃其他的选择，两者之间的取舍就反映出这一工作的机会成本，于是你了解到必须全力以赴，增加对工作的认真度。

第三是“效率原则”。工作的成果不在于你工作时间有多长，而是在于成效有多少，附加值有多高，如此，自己的努力才不会白费，才能得到适当的报偿与鼓舞。

境遇是自己开创的，成功乃是自己造就的。你不必看轻自己，要相信你的能力是独一无二的，你也许正在完成一件了不起的事，有朝一日，你或许真的可以变得“很不平凡”，而成为大家羡慕的成功者。

一个人做自己擅长的事，脚踏实地是获取成功的另一法宝。每个人在年轻的时候都会立志，有的人想当科学家、发明家或者大文豪，个个看起来志向远大，皆为成大事者之梦。年轻人难免都会“崇拜偶像”，希望找到学习的典型，但不是每个人都能当科学家、发明家。培养一技之长，一步一步去累积自己的个人资料，才是迈向成大事的成功之路的要素之一。

也就是说，一个人成大事的工作方法在于：该花的心血一定要投入，该有的过程一定要经过。人生充满变数，一个人的成败与否，不单看他的资历，更重要的是看他的毅力。人应该有梦想，否则就失去了奋斗的目标与方向，但成大事者的条件必须日积月累地做好准备。你可以立志做大老板，做大文学家，但绝对不要躺在那里等待。发挥自己的特长，做自己最擅长的事吧，只有这样，才容易成功。

努力吧！儿子，爸爸真心祝福你！

将注意力集中于自己喜欢并擅长的事情——百度的成功秘诀

百度2005年上市后，就不断有人来劝李彦宏，“百度有钱了，应该涉足网络游戏，多个赚钱的业务”，那时网游已经在中国非常热，国内的互联网企业纷纷投向网游运营商的行列。然而李彦宏的回答始终是No，理由很简单，这不是百度所擅长的。

2007年，中国一家门户网站自主研发的在线游戏收入达到上千万美元，在纳斯达克一石激起千层浪，一条清晰的坐拥用户群就可以赚到丰厚回报的盈利模式出现在大家眼前，这个行业更热了，业界的大公司纷纷把网游定为战略级产品部署重兵。

这天，有人拿着一组数据翔实的调研报告来找李彦宏：“从百度社区的用户来看，其中很多人都是网络游戏的玩家，他们每天花在网络游戏上的时间比搜索和社区都长，既然用户有这方面的需求，我们是不是可以着手尝试涉足网游，让他们在百度平台上得到满足？”

李彦宏仔细地看完数据，平静地反问：“数据确实证明了需求，但是我们做网游的优势又在哪里？”

“我们有这些用户啊。其他这些网站也都谈不上什么优势，只要有用户、有需求，就可以运营起来了。”

李彦宏缓慢地摇了摇头，坦白地说：“刚回国的时候我就已经看到了中国网民对网络游戏的热情高于其他任何国家的特殊形势。但我自己从来不玩网游，很长时间都搞不懂网游，我想，对于这种自己都不喜欢，更不擅长的事，即使商业机会摆在那儿，我也肯定做不过真正喜欢它的人。所以我选择了搜索。今天你让我选，我还是会这样选。”

“这个行业的利润比我们做搜索高多了！我们有这么充足的用户需求，不做，太可惜了。”

李彦宏想了想说：“那么，我们可以尝试通过合作的方式，为网游厂商提供一个推广平台，让真正喜欢的人来做他们擅长的事，我们只在里边起到间接作用吧。”

于是，作为推广方式的第一步，百度游戏频道首先诞生了，业界很多人分析百度要进入网游领域分羹了，分析师们也总是不停地探问，百度什么时候开始进入网游行业？而李彦宏始终不为所动，他的回答是明确的：“暂时没有这个打算。”

出于同样的原因，在 2003、2004 年好多人劝百度投入 SP 业务“捞钱”时，李彦宏都以“这不是百度擅长的事”为由拒绝了。正是这样的取舍，使百度能够专注于自己喜欢且擅长的搜索领域，才取得了今天的市场领先地位。

乐逗的成功经验——坚持做自己擅长的事情

2016 年 3 月 14 日，在第 30 届 GDC（全球游戏开发者大会）上，中国最大的手游发行商乐逗游戏宣布，率先向北美市场推出全球第一款动作射击跑酷手游《Buddy man：Shoot and Run》。在继《神庙逃亡》《地铁跑酷》等热门游戏之后，又一次占据了大量的市场。在谈及其成功经验时，乐逗表示由于坚持做自己擅长的事情，其在跑酷类游戏领域长期占据国内霸主地位，积累了丰富的运营经验，此次选择《Buddy man：Shoot and Run》也是从自己擅长的跑酷领域入手。长处是人生的一片沃土，成功的种子就埋在这里，所以很多时候，选择比努力更重要，方向比方法更重要！

他们，成功始于勇于开拓

几年前，美国作家盖尔·希伊出版的《开拓者们》成为畅销书。他在撰写这部书的时候，通过一份内容十分广泛的“人生历程调查问卷”，间接地访问了 6 万多个各行各业的人士。他发现，那些最成功和对自己生活最满意的人至少有两个共同的特点：第一，他们喜欢有更多的亲密朋友；第二，他们都致力于实现一个其实际能力难于达到的目标。据研究，这些开拓者们觉得他们的生活很有意义，而且比那些没有长远目标驱使其向前的人更会享受生活。他们，就是因为勇于开拓而成功！

顺丰快递的成功——先人一步的“钱”规则

顺丰是当前中国物流企业中当之无愧的一哥，在“金字招牌”的调查中，顺丰速运受喜爱率为76.03%，稳居第一，比排名第二的品牌高了近65%的得票比例。连马云都说，他最佩服的人是能管理七万基层员工的顺丰老板王卫。

王卫曾经遭到同行巨大的排斥，因为他做了一件在当时看来石破天惊的事情——就是把通行的加盟制快递公司变为直营，也真正地把快递做成了快递。为什么顺丰敢把价格抬高，因为用户认它。这就是口碑。

在快递业的早期，大家都是采取加盟模式发展，其实顺丰也一样。加盟模式是指快递公司每进入一个陌生的地区，会找到一个当地的公司作为加盟商，由这家公司来跑业务，但是公司的资产是归地方老板个人所有，总部提供的是统一的品牌、物流、管理，然后收取加盟费。

加盟制的好处在于，在快递业开疆拓土的时候，扩张非常迅速，因为人多力量大嘛。用时髦的话说，这也是一种轻资产模式，因为总部其实不需要很多人，主要是承担管理和战略职能。

王卫最早也这么搞，但是他很快发现，这样的快递公司不是他想要的，为什么呢，服务不行。

因为在加盟模式下，快递员的直接老板是地方公司老板，说白了就是“强诸侯、弱中央”的模式，这种情况下，管理很难规范起来。于是王卫敢为天下先，大刀阔斧搞了一场“削藩”运动，在2000年初，就把顺丰彻底改造成了一家直营快递公司，这个模式在当时的中国，除了EMS，是独一份。

改成直营以后，他在如何提高快递员积极性上下足了功夫，其中一个方法就是计件工资。快递业有句行话叫收一派二，就是一个快递员收一个快件的同时，应该派两个快件。我们所说的送快递，实际上更多是指派件。真正挣钱的也是在这个部分。在顺丰，你送得越多，挣得越多。而且上不封顶。

所以曾经有过一个笑话。有个客户投诉快递员，顺丰客服问怎么了？客户说，我叫了个快递，说今天上午到，结果早上 6 点就敲门把我吵醒了，困死了。其实这个笑话一点不好笑。对于这位快递员而言，您赶快把这个件收了，我还要去下一家呢？所以大家都觉得顺丰的快递时效有保证，服务好，不是没原因。

还有，在 2009 年，经济危机非常严重，很多小快递公司都死了，王卫的顺丰也经历了历史上少有的亏损，但是，王卫却又做了一件令人瞠目结舌的事。申请成立航空公司，花钱买飞机。

等其他快递公司从经济危机中恢复过来，再想追赶顺丰时，自有货机的顺丰早就遥遥领先了。其他公司只能望尘莫及。

无论是自己还是团队，无论是宏观还是微观，总能先人一步，开疆拓土，这就是王卫最厉害的“钱”规则！

滴滴打车——因为找准时代的发展和缺口而获得成功

一款名叫“滴滴打车”的应用软件大家都耳熟能详，甚至越来越离不开这款方便的出行神器了。滴滴专车、滴滴快车等更是满足多样化人群的需求，这款正在改变我们生活方式的软件，背后是谁在推动？她就是滴滴打车首席运营官柳青!

似乎她的人生值得太多的人羡慕：她的父亲是中国 IT 教父柳传志，她自己在计算机最火的年代考入北京大学计算机系，随后又成为哈佛大学计算机硕士；刚毕业就加入全球最优秀的投资银行之一高盛集团，10 年后成为高盛亚洲董事总经理，是高盛历史上最年轻的董事总经理之一；她家庭幸福，有三个孩子，其中一对是双胞胎。

但是，她却用自己开拓的精神与持之以恒的毅力走进了公众的视野并赢得了更大的赞誉，创造了属于自己的生涯。

她有着不为人知的努力与毅力，也曾在半夜 1 点钟，和好朋友约在女洗手间，抱头痛哭，互相借对方肩膀解压。痛苦不仅来自于长时间的加班，更来自于辛苦做出来的东西不知道能不能被领导认可。但她说自己一直是骄傲又腼腆的人，她一直努力着，要正确的定义自己。

这时候，滴滴打车出现了。真的就如传说中的一样，柳青起初是代表高盛想要投资滴滴打车，但滴滴打车当时不缺投资者。

柳青的一位高盛同事记得，一个多月后她就决定加入滴滴。“这个细细想来其实比较像她的性格。我特别能够理解，在高盛做投资，为投资人赚钱、为高盛赚钱、为自己赚钱，这不能让她成为一个更完整、更饱满的个体，不能让她完成对自我的追求，她一定要尝试一些新的东西。”

创业如拓荒，挑战带来的改变是巨大的，且不提工作内容，光是工作条件，就是天差地别。滴滴打车曾经最多一天烧了1000多万美元作为打车贴补，但他们自己的工作条件实在一般。一间办公室，用封不到顶的半透明玻璃墙隔成两半，一半归CEO程维，一半归总裁柳青，两边说话都互相听得到。但她一直相信，自己在做一件有意义、有价值的事情，创业让柳青觉得很自豪和骄傲，这种力量是极为强大的。

柳青说："个人选择一个新行业和投资选择一个新行业是一样的，都要看规模、看发展速度、看社会效益、看战略价值。"她相信一个观点：工业社会需要的是理科生的分析头脑，而现在这个时代，要求的是高敏感和高感性的人群。投资人上来会问，你们什么时候会赚钱？遇到这样的问题，就得用高感性的方式去理解。

"你得去想象未来，比如Snapchat（一款由斯坦福大学两位学生开发的"阅后即焚"照片分享应用），甚至Facebook，你几年前去理性分析，没有人去投资它的。职业经理人得是理性的，而创业者是需要一定的感性的。一件拓荒的事情，需要真正的理想主义者去做。"

这便是勇于开拓的魅力！当初敢于辞去工作、下海经商的人们，现如今的电商、宅急送、代购、衣物在线租赁等方面的成功都是勇于开拓的结果。并不是因为事情难我们不敢做，而是因为我们不敢做事情才难的，勇者无畏！这些巨大的成功就是开拓者的赞歌！

他们，因用心专注而成就非凡人生

1965 年，一位韩国学生到剑桥大学主修心理学。在喝下午茶的时候，他常到学校的咖啡厅或茶座听一些成功人士聊天。这些成功人士包括诺贝尔奖获得者，某一领域的学术权威和一些创造了经济神话的人，这些人幽默风趣，举重若轻，把自己的成功都看得非常自然和顺理成章。时间长了，他发现，在国内时，他被一些成功人士欺骗了。那些人为了让正在创业的人知难而退，普遍把自己的创业艰辛夸大了，也就是说，他们在用自己的成功经历吓唬那些还没有取得成功的人。

作为心理系的学生，他认为很有必要对韩国成功人士的心态加以研究。1970 年，他把《成功并不像你想像的那么难》作为毕业论文，提交给现代经济心理学的创始人威尔·布雷登教授。布雷登教授读后，大为惊喜，他认为这是个新发现，这种现象虽然在东方甚至在世界各地普遍存在，但此前还没有一个人大胆地提出来并加以研究。惊喜之余，他写信给他的剑桥校友——当时正坐在韩国政坛第一把交椅上的人——朴正熙。他在信中说，“我不敢说这部著作对你有多大的帮助，但我敢肯定它比你的任何一个政令都能产生震动。”

后来这本书果然伴随着韩国的经济发展起飞了。这本书鼓舞了许多人，因为他们从一个新的角度告诉人们，成功与“劳其筋骨，饿其体肤”“三更灯火五更鸡”“头悬梁，锥刺股”没有必然的联系。只要你对某一事业感兴趣，长久地坚持下去就会成功，并不需要很复杂的职业生涯规划。因为上帝赋予你的时间和智慧够你做完一件事情。后来，这位青年也获得了成功，他成了韩国泛业汽车公司的总裁。其实，只要一个人还在不断地坚持，充满希望地生活着，他终究会发现，造物主对世事的安排，都是水到渠成的。

沃伦·巴菲特——传奇投资家的专注

沃伦·巴菲特是位传奇投资家，他的长期投资取得了惊人的回报，甚至有些学者都不敢相信，认为这只是侥幸成功。

但巴菲特自己把他的成功归结为“专注”。施罗德写道：“他除了关注商业活动外，几乎对其他一切如艺术、文学、科学、旅行、建筑等全都充耳不闻——因此他能够专心致志追寻自己的激情。”

1991 年的一个周末，在《华盛顿邮报》的主编梅格·格林菲尔德的倡议下，一场商业大亨的聚会进行着，其中就有巴菲特和比尔·盖茨这也是两位巨人的第一次见面，很多人都在仔细观察。至少在一点上，巴菲特和盖茨是相似的，如果遇到不热衷的话题，他们会尽量选择结束。人们对于盖茨不善隐藏自己的耐心早有耳闻，而巴菲特，虽然在遇到感觉无聊的话题时他不会提前走开转而找本书看，但是他依然有自己的方法，他会在第一时间把自己从不感兴趣的话题中解脱出来。

但是一直到太阳落山，鸡尾酒会开始，两人的谈话还没有结束。盖茨之前过来时乘坐的飞机将在傍晚离开，只是飞机走了，盖茨没有走，他依然在享受与巴菲特聊天的乐趣。巴菲特和盖茨边走边谈，从花园来到了海滩，人们也竞相尾随，但他俩似乎并没有注意到这些人的存在，没有发觉周围还有很多举足轻重的人，最后还是盖茨的父亲看不过去了，他非常绅士地对他们说，希望他俩能融入大家的这场派对，不要总是两个人说话。可见这两个人是多么地志趣相投、相见恨晚！

晚饭的时候，盖茨的父亲问了大家一个问题，人一生中最重要的是什么？巴菲特给出的答案是“专注”，但令人没有想到的是，盖茨给出的答案竟然和巴菲特的一样！

两位世界首富给出的答案竟是如此一致，由此可见，专注的巨大魅力与能量！

纽扣大王的故事——他，普普通通，就因坚持而成功

有这么一家人，男人是教师，在一所中专学校教经济学；女人下岗，在街面开一个纽扣店；孩子是女孩儿，在一所普通中学读初三。

男人没有什么爱好，教学之余，除了到图书馆翻翻经济类杂志，就是到妻子的小店转悠转悠。女人也没有什么大志，除了卖纽扣，最多再卖些头饰、胸花之类的小玩意儿。女儿学习也很一般，没拖拉过作业，也没有得过一次奖。总之，一家都是普通人，过的日子也是普通人的日子，平平淡淡、紧紧巴巴。

一天，男人告诉女人，我有一个新发现。女人问，什么发现？男人说，昨天，我在图书馆看一份杂志，介绍的全是世界上的大公司，即世界五百强。我发现，他们都是一根筋，一条路。女人问，什么意思？男人说，打个比方，你卖纽扣，就只卖纽扣，卖所有品种的纽扣，店再大，都不卖别的。女人说，这算什么新发现！不就是开专业店吗？男人说，好像是开专业店，但我搞不清楚的是，为什么成为五百强的都是这些专业店，而不是其他的店。这里面一定有名堂。

男人不是个执着的人，但自从有了这个新发现后，从没有放弃琢磨。他认真查阅了世界第一强，零售业的老大沃尔玛。他发现它自始至终只做零售，钱再多都不买地，都不去做房地产。他又查阅了美国通用汽车公司，它是世界第二强，一百多年来，也是只做汽车与配件，资产达到八万亿了，都不去做航空和轮船。他还研究了世界首富比尔·盖茨，他发现此人也是一条路走到底，钱再多，都只做软件，其他行业再赚钱都不去做。男人想，是不是心无旁骛地做一件事，更容易成为强者？

有了这一认识之后，他有些心动了。一天晚上，他对妻子说，以后再进货，头饰、胸花之类的东西，不要再进了。全进纽扣，有多少品种进多少品种，看看会怎么样。

也许是他发现了天机，也许“从一而终，坚持一条路走到底”这种做法本身就蕴涵着天机。总之，自此之后，一家航空母舰式的纽扣店，在这座城市出现了。所有做纽扣批发和销售的人，来到这座城市，都到这家纽扣店而来。他也因此成了“纽扣大王”！

人生规划既是一个实现你终生目标的时间坐标，也是一个实现那些影响你日常生活的无数更小目标的时间坐标。

人生规划是要使你的注意力集中起来，在一个特定的时间范围里充分地利用你的脑力和体力。事实上，注意力越集中，能力的发挥就越有效。很多时候，坚持，就是你最大的胜利筹码！

被美国 Prospect 杂志评为十大“世界顶级思想家”之一的茅于轼先生曾经讲过这样一段话“拿我自己作为例子，我在 50 岁以前是个工程师，到了 50 岁的时候才明白过来我应该成为经济学家。我现在 85 岁，在经济领域也算成功了，看样子这个变是变对了。这说明什么？说明我到了 50 岁都没明白我应该干什么。所以年轻人更要有一个灵活的心态。你看市场的需要和自己的长处。像我自己糊里糊涂的干了三十年工程师，这以后才慢慢地懂得了我应该朝哪个方向发展。基础要学好，心态要灵活”。

条条大路通罗马。每个人的成功都是不一样的，只要你一直保持良好的心态，认真思考自己，并不断前行。年轻的我们也不需要急于求成，只要坚持不懈，终有一天会有所成！

Part 6

人生平衡的基点

※人应该怎样活才不会后悔呢？我想也许做到这两点就够了：第一，做自己喜欢做的事；第二，想办法从中赚钱谋生。

※要树立正确的财商观念，首先需要正确认识财富及了解财富倍增的规律；其次，通过所掌握的知识创造财富；最后，也是最重要的，就是驾驭财富、正确应用财富及实现财富倍增的能力。

※伴侣的性格、价值观、行为方式、生活习惯都在潜移默化地改变着我们。选择伴侣不仅仅是选择一个人，更是选择了一种生活；选择了什么样的伴侣，就选择了你将会成为什么样的人；选择什么样的伴侣，就选择了什么样的人生。所以，婚姻伴侣的选择是人生最重要的一场相遇。

第十章
财商、人生伴侣及生活的思考

生涯规划，并非仅局限于职业，更包括财富、人生伴侣，以及生活方方面面的规划。

怎么活才不后悔？你想过这个问题吗？“活法”两个字似乎能涵盖这一切，内涵丰富。《读者》中的一个小故事，或许能给你些启迪，可能，最不后悔的活法还真不难！

一天，泰莱神父去医院主持一位病人的临终忏悔，他到医院后听到了这样的一段话：“仁慈的上帝！我喜欢唱歌，音乐是我的生命，我的愿望是唱遍美国。作为一名黑人，我实现了这个愿望，我没有什么要忏悔的。我还用歌声养活了我的6个孩子，现在我的生命就要结束了，我死而无憾”。歌手的话让神父想起5年前他曾主持过的一次临终忏悔。那次是位富商，而他的忏悔竟然和黑人歌手差不多。他对神父说：“我喜欢赛车，从小研究它们，改进它们，经营它们，一辈子没离开过它们。这种工作与兴趣相结合的生活方式让我非常满意，而且我还从中赚了大笔的钱，现在我没有什么要忏悔的。”泰莱神父给报社去了一封信，他写道：“人应该怎样活才不会后悔呢？我想也许做到这两点就够了：第一，做自己喜欢做的事；第二，想办法从中赚钱谋生。”后来，这两条原则流传开来，成了美国人公认的“最不后悔的活法”。

所以，在最后一章，我最想想谈谈财商这个概念。毕竟，不管你愿意或是不愿意，都必须与金钱打交道，否则可能都无法活下去！

寻找丢失的财商

财商真的很重要！这是一个项非常重要的能力，关系到每一个人的幸福。

财商到底是什么？

财，指财富，具体可体现在金钱、货币资本、商品、贵金属、土地、技术、人力资源、服务等，即有市场需求的稀缺资源。商，指能力，包括但又不仅限于认识、管理、创造财富的能力。

随着社会的发展，从智商中分离出来了财富智商，简称财商，也是人们处理经济行为的一种素养即财经素养。

也可以如此理解：

智商，自然人与其他物种的区别；

情商，社会人与人打交道的能力；

财商，经济人与钱打交道的能力。

要树立正确的财商观念，首先需要正确认识财富及了解财富倍增的规律；其次，通过所掌握的知识创造财富；最后，也是最重要的，就是驾驭财富、正确应用财富及实现财富倍增的能力。

然而，且不提现在青年人财商高低，就连基本的财富认知力，都有所欠缺。2013 年发布的《中国人财富亚健康报告》和《中国大学生财商调查报告》显示，目前的青年人群体中，出现了越来越多的“温室族”“财盲族”“月光族”等族群，并有超过 70% 的学生认为自己的理财知识还不足够，也没有合适的渠道去了解。

在我们如此重视智商、培养情商的今天，与我们息息相关也必不可少的财商去哪了呢？家庭教育、学校教育难辞其咎，财商教育刻不容缓，任重而道远。

让我们先来看看国外的财商教育。美国、英国、日本、澳大利亚、新加坡等国家与地区都相继制定了财商教育计划，并列入学校的必修课。其中，以美国和英国的财商教育最为成熟。

美国的财商教育比较成熟，20 世纪 80 年代，美国就将财经素养教育视为公民教育的重要内容；1983 年里根政府制定了划时代的教育报告《国家处在危机中：教育改革势在必行》，确保了财经教育在课程中的地位。

2002 年，美国总统小布什签署《不让一个孩子掉队》教育法案，以法律形式确保每一个孩子都能受到财经素养教育；同年 10 月发布了《将理财教育与学校课程整合》的白皮书，构建整合的财经教育课程。

2003 年，美国国会通过《财经素养和教育促进法案》，建立起由 20 个相关部委联合组成的财经教育委员会，将每年四月定为“财经素养月”（金融扫盲），搭建政府官方网站 MyMoney.gov，精心设计各种财经知识宣传教育活动，如免费发放各类宣传物、组织校园挑战赛、开展专题演讲、举办学生教师培训班、参观金融机构，等等。

2010 年奥巴马签署行政决议成立财经素养总统顾问委员会，督控财经素养教育。

2011 年，美国财经教育委员会发布《促进美国经济的成功：财经素养国家战略》，全面推动财经素养教育的普及。

美国父母更是把财经素养教育称为“从三岁开始实现的幸福人生计划”，财经素养被视为核心生活能力。让孩子参加劳动，使其明白财富来之不易，鼓励孩子打工。

他们的培养目标极其明确：

3 岁能辨认硬币、纸币；

4 岁能知道每枚硬币是多少美分，认识到无法购买全部商品，必须做出选择；

5 岁知道硬币等价物，知道钱是怎么来的；

6 岁能数金额不大的纸币，能数大量硬币；

7 岁能看价格标签；

8 岁知道可以通过做额外工作赚钱，知道把钱存在储蓄账户里；

9 岁能制订一周开销计划，购物时知道比较价格；

10 岁懂得每周节约一点钱，可供大笔开销时使用；

11 岁知道从电视广告中发现事实；

12 岁能制订并执行两周开销计划，懂得正确使用银行业务中的一般术语；

13 岁能够为自己拟定短期和当下的财务目标，编写和修改预算；

14 岁至高中毕业能比较各种储蓄和投资方式的风险和回报，尝试进行股票、债券等投资活动，以及通过打工等赚钱。

其实，这便是科学的人生财富规划！

在英国，金融服务管理局在 1998 年就开始启动有目标、有组织、有重点的金融扫盲教育。

将金融知识纳入 2008 年正式实施的《国民教育教学大纲（修订）》，要求中小学校必须对 4～19 岁的中小学生进行良好的财经教育；从 2011 年秋季开始，储蓄和理财成为中小学生的必修课，并列入考试范围。

美国历史上也出现过多位高财商的杰出人物。如巴菲特，在其 11 岁就买入了人生第一张股票，开始了其投资大师的漫漫旅途；梅耶·罗斯柴尔德从小就展现出惊人的财商，通过收藏古钱币赢得了黑森公爵的好感，获得了人生第一桶金。这与财商教育密不可分。美国是全世界最早在中学进行创业教育的国家，着力培养前创业者。

一个简单的财商测试

想知道你的财商到底有多高吗？可以试着做一下下面这个小测试！

测试题为计分式，答案是根据每道题选项的分数值累加得到的，请大家统计好自己的分数：选 A 4 分，选 B 3 分，选 C 2 分，选 D 1 分。

1. 发下一笔奖金，你会如何犒劳自己？

A. 请自己大吃一顿。

B. 买前段时间想买的贵重物品。

C. 还是存着好。

D. 除了犒劳自己，也给父母或是伴侣买些东西。

2. 你会经常借钱给别人吗?

A. 看要借给什么人，做什么用，才考虑借不借。

B. 只要自己有钱，这方面还是很大方的。

C. 除非是拒绝不了，不然会很少借。

D. 不好意思拒绝，所以别人问，基本都会借。

3. 你赞成以分期付款的方式买车吗?

A. 会先考虑自己承担的力度，再决定买什么样的车，分多少期。

B. 赞成，只要是自己喜欢的，就会这么做。

C. 压力太大了，比较起来我还是愿意先存钱后买车。

D. 尽量先找父母赞助，剩余的再考虑分期的问题。

4. 你常去商店买换季打折的物品吗?

A. 要看什么东西，若是日常用品（如被子、凉席等）就会，有潮流趋势的衣物等就不会。

B. 不常去。我都是想买什么就买什么，不会考虑那么多。

C. 虽然我很喜欢买换季打折的物品，但也会根据自己的经济实力来。

D. 是的，我常常会买很多换季打折的物品，省钱。

5. 你看到想要的东西一定要得到吗?

A. 肯定会去努力，实在得不到，再用其他东西代替。

B. 是的，想尽办法都要得到。

C. 心里肯定迫切想要得到，并会去试试，但实在得不到也就算了。

D. 得之我幸，不得我命，不太强求。

6. 你会在公共场合捡起五毛钱吗？

A. 是自己掉的就捡，别人掉的懒得捡。

B. 五毛钱有什么好捡的？

C. 若无人望向这边就捡。

D. 捡起来，然后问周围的人是谁掉的。

7. 你经常会买福利彩票或体育彩票吗？

A. 宁愿买刮刮乐，投注彩票太不靠谱，基本不会买。

B. 要么不买，要么就会买得比较多。

C. 偶尔买来玩玩，中大奖还是不会去奢望。

D. 会常常买，但每次只是花几块钱，给自己一个发财的希望。

8. 到退休年龄时，你还会不会想继续工作或赚钱？

A. 应该会，毕竟得到的位置不易，退休了什么都不是了，会有些不习惯。

B. 当然会想赚钱，但赚钱的方式不一定是继续上班。

C. 看经济状况吧，如果到退休年龄时家庭状况还不错，就退休。

D. 当然会想彻底退休，享受清闲的老年生活。

9. 如果可以得到一笔一千万元的巨款，你会如何领取？

A. 根据实际需要先领一半，剩余再做考虑。

B. 一次性领完一千万元。

C. 按每年领，并设定多少年领完。

D. 按每个月领，并设定多少年领完。

10. 你想要住的地方是?

A. 郊外的别墅。

B. 市中心的豪华大楼。

C. 设施齐全，交通也比较便利的高档小区。

D. 园林田园式的住宅。

结论：

A. 30~40 分 财商指数 95%

你头脑聪明，只要有时间就能学会实用的赚钱技能，一旦时机成熟，就能令人刮目相看。并且你花钱的态度一向都是为了让自己开心，为了让生活品位提升，也因为这种驱动力，你会迫使自己不断去赚钱。其实吃、穿也是能进行投资的，你完全可以凭借自己的魄力和品位去进行一些能升值的消费。

B. 25~29 分 财商指数 65%

你敢于冒险的性格有利于你快速达到赚钱目标，但还要学会控制风险，这样财富才能稳步增长。并且还要小心冲动消费而导致资产赤字，你要做好每周预算，尽量让自己理性花销，以免到手的钱，转眼就没了。

C. 20~24 分 财商指数 40%

你是一个很保守的人，专注于自己所从事的工作，赚钱目标也总是客观而容易实现的，但最好能在理财上再多一点闯劲和激情。若觉得理财麻烦，对股票提不起太大兴趣，又嫌定期储蓄效率太低，你应该请值得信赖的人帮你理财，这样更有利于累积财富。

D. 10~19 分 财商指数 20%

你是一个标准的乐观主义者，懂得分享与包容，虽然能理智地选择自己能力范围之内的赚钱方法和盈利目标，但还是缺乏行动力。赚钱对于你来说，太容易停留在想与思考的阶段。若能付诸行动，试着做一些投资，尝试一些新事物，相信绝对能提高你的理财效率。

对人生伴侣的选择，是人生最重要的一次遇见

全球最富有的两个人——比尔·盖茨和沃伦·巴菲特都说过，自己最聪明、最重要的决定是选择了现在的妻子，而不是创立知名公司或精明的投资。伴侣的性格、价值观、行为方式、生活习惯都在潜移默化地改变着我们。选择伴侣不仅仅是选择一个人，更是选择了一种生活；选择了什么样的伴侣，就选择了你将会成为什么样的人；选择什么样的伴侣，就选择了什么样的人生。所以，婚姻伴侣的选择，是人生最重要的一场相遇。

那么，如何选择自己的人生伴侣呢？

孙子兵法的精髓能给我们选择爱人最大的智慧启迪，即“知己知彼，百战不殆”，只不过我们要面对与选择的不是敌人，而是我们的爱人。

我们要用到前面了解的生涯规划的诸多方法首先来了解自己。这时的了解不是了解兴趣、爱好、能力，而是要想清楚自己是什么样的人，哪种伴侣适合自己。遇见爱情最美妙之处，不在于那个她（他）是最完美，或是最优秀，而是和

你最契合、最匹配的人。所谓知彼，就是要看对方是否适合自己。

你们的观念是否大致相同。世界观、人生观、价值观不能差异太大，比如一个寻求上进的人最好不要和一个事事寻求舒适安逸、好逸恶劳的人成为伴侣；一个拜金主义者和一个淡泊名利者也不会有太多的共同话题。当然这里主要指人生的态度与观念，并不是一般的生活习惯。两个人要想更幸福地在一起，一定会有很多磨合。但是，价值观、人生观这些内心的取向很难改变，在一起生活痛苦恐怕会大于欢乐。

你的人生梦想是什么？你的他（她）呢？如果两个人的梦想和追求是背道而驰的，而且谁都不愿意让步，那么婚姻终究不会幸福！

和他（她）在一起，感觉安全吗？曾经看过一个女孩写的故事，她的老公竟治好了她的失眠症。女孩有很重的神经衰弱，半夜常常会醒。她的老公为了让她能睡好，每天晚上只要她一上床睡觉，不管他工作有多忙，立刻也躺在她身边，并且不发出一点声音。女孩觉得温暖又安全，时间长了，女孩的睡眠质量越来越好，神经衰弱竟也慢慢好了。

之所以拿这个举例子，是有一次在我和一个还单身的好朋友聊天时，她跟我说，谁要是治好了她的失眠她就嫁给谁。这是生活中的一个小细节，但它可以说明，你的伴侣能够给你带来安全感是多么重要的一件事。这种安全感包括很多，比如对你的一心一意、比如对你的坦诚相见、比如对你的关心照顾、比如对你的担当，等等。安全感虽没有海枯石烂的浪漫、豪宅名车般奢华，但却是生活中最可靠、最实在，也是最长久的爱。

你会吸引谁？如果你还没有伴侣，那么还有一个重要法则——吸引力法则，我们也要深入了解。和见多识广的人在一起，会让你眼界开阔；和胸怀宽广的人在一起，会让你宽容大气；和幽默乐观的人在一起，会让你快乐向上；和严谨认真的人在一起，会让你专注自律。我们都希望和优秀的人共度一生，但首先是，你要先成为这样的人。

“吸引力法则”的基本原理是这样的：人类所有的思维活动，都会产生某种特定的频率，而这种频率就好比杜鹃用于求爱的信号、蝙蝠用来探路的超声波。它会吸引同样的频率，引发共振，从而将我们思维活动中所涉及的任何事物吸引到我们面前。就像物理界认为任何有质量的物体存在吸引力一样，人的思想也存在吸引力。

物以类聚，人以群分。人总是倾向于跟自己的同类待在一起。这主要是由于人在心理上需要寻求一种归宿感，能被你吸引的一定是和你有很相像的价值观与世界观的人。所以，如果想遇见美好的伴侣，我们首先做到清醒自知，然后就要勤修内质，在成长中修练，在超越中蜕变，做更真实更优秀的自己，去遇见幸福的另一半！

2014 年，由宋丹丹、范明主演的电视剧《美丽的契约》热播，“婚姻规划师”一词进入大家视野。在剧中，婚姻规划师主要负责对客户婚姻关系的稳固提出相对的专业性的指导意见。婚姻规划师一般都是服务于大客户，接的都是大业务，一个项目可能会有好几十万元收入，所以可以说是一个十分赚钱的职业。在一个如此走红的职业背后也说明了经营婚姻的重要性。

在“你选择了我，我选择了你”之后，便要谈到如何经营。毕竟，每个女人都希望老公体贴浪漫、每个男人都希望老婆贤惠温柔。但事实是，柴米油盐和家庭大小琐事，都需要两个人共同担当。

规矩与原则

无规矩不成方圆。俗话说“国有国法，家有家规”，一个国家有国家的法律，一个家庭也有自己的准则，不能背离这个准则。有些人可能认为制定家规很可笑，但实际上，这是可以让婚姻更幸福、避免出现不可收拾的危机的一个好方法。一个朋友她从小在一个不太和谐的家庭长大，特别怕掀桌子的场景，更渴望有一个温柔的老公。然而婚后有一次他们吵架，老公竟因过于生气而要去做掀桌子的动作。这个朋友只说了一句“明天民政局见”。男方也自然知道这是她的底线了，从此再也没有做过这件事情。这就是规矩的作用，他能让对方知道怎样才会体现尊重理解，生活更和谐美好。如果不将规矩定好，一方已然歇斯底里，另一方可能还不知已酿成大祸。次数多了，感情自然淡泊，矛盾正是从这种互不知情的专制与抗争中产生。

规矩并不意味着限制，它是提示双方都应当承担的责任限度和对事物的相同理解。男女有的时候会觉得对方不可理解，其实这就是双方所在意的点不同导致的，这种冲突实际表明了男女双方在对待相同事物的认识上存在明显的分歧。为了避免这些根本不必要的矛盾，让未来婚姻能够在一条秩序井然的道路上前行，家规作用很大。也许对我们这个时代的人来说，相敬如宾不是什么坏事，比起浪漫的爱情，或许我们更该把承担责任、相知相守作为婚姻的准则。

仪式感

仪式感可以帮助将物质世界与精神世界联系在一起，会让你把简单的日子过得有纪念意义，值得回味，懂得珍惜。为什么很多女孩都会梦想一场浪漫的婚礼？其实这算是两个人的婚姻生活最隆重的一场仪式，也是一种开端，庄严的婚礼会让两个人更加敬畏婚姻。现在回想起来，在我的婚礼之前，我曾在我的日记本上这样写道："明明知道今早醒来世界的一切还是一样，但是这个典礼过后，我的人生将与过去截然不同，没有人知道在今天我的内心是多么的庄重与感动！"现在回想起来，婚礼的感觉真的很美妙，为了准备婚礼，累极了，婚礼当天，更是热得、累得差点晕过去两次。但是，那是我这辈子最美好、最珍贵的回忆。我们太容易忘记很多事情，仪式感可以让我们获得更多的感动与珍惜。

婚姻的每一个阶段都需要一定的仪式感，那是对婚姻爱情最大的尊重。仪式也分大小，每天道声晚安，互相写一写温情的小纸条便是小的却最温情的仪式，情人节、周年纪念、生日等都是仪式，只是这样的仪式可能更正式一些。这些，对爱情的升华作用比想象的要大很多。有人说仪式感需要经济基础，其实真的不是。并不是一定要在五星级酒店吃烛光晚餐有小提琴手在旁边配乐再加上真情的告白，只要是发自心底的重视与诚意便可以将重要的日子过得庄重而有感觉。比如我就和老公约定，每天晚上睡觉前都要说晚安，因为晚安的拼音是"WANAN"，翻译起来就是"我爱你爱你”！也就是说我每天都是伴着这几个字入睡，觉得这一天有了一个完美的 Ending。还有，我们可以试想一下，如果每天不是有一个好的情绪入睡，可能说得出晚安吗？所以，这样小小的仪式感成就了婚姻里每日的安然入睡。

女人的浪漫从来不会因为年龄的增长而稍有消减，也不会因为婚姻的现实而放弃。给心爱的女人以女神或公主的感觉也许并不需要男人付出太多，但却能让她们感觉幸福，同时也能使她们更易于接受男人的过失和男人对婚姻供给的不足之处。让她相信明天会更好，给她庄重的承诺，会让两个人的日子过得更加甜蜜。

沟通，试着站在他（她）的角度去想

在现实生活中，“你不问我不说”不是默契，而是距离与隔阂。“了解”一定是需要用语言来沟通的，而且这个沟通必须是双向的。不是互相猜想法，或一厢情愿地认为对方想的是什么。成功的沟通一定是在对方说一件事情的时候站在他（她）的角度去思考。

你如果不能学会试着从他的角度来思考问题，婚姻肯定会矛盾重重，因为男人女人的关注点真的很不同。就如约翰·格雷《男人来自火星，女人来自金星》这本书，作者以男女来自不同的星球这一新鲜、生动、形象的比喻来讲述男女的差别：即男人和女人无论是在生理上还是心理上，无论是在语言上还是在情感上，都是大不相同的。男人做事情目的性可能会很强，女人则更关注过程是否温馨浪漫。所以有的时候能以旁观者的角度站在双方的立场上想想问题，或许很多事情就理解了，随之也就解决了。

就好像我们在看偶像剧时常常会有的擦肩而过、有误会而无法解释清楚的剧情，让我们大喊虐心。但事实上在生活中，我们是否常常用这种方式来对待我们自己或是爱人呢?

好的婚姻让人越来越智慧

好的婚姻，会让人越来越智慧；对的爱情，会让人越来越优秀。但凡好的爱情，是需要用心用情来经营的，所以说它会让人变得更加智慧。当你成功地经营了数年婚姻之后，你会发现，你变成了心理学家。因为好的婚姻需要的是不断地适应与不断地学习成长。

读过一篇很好的文章——《从深度心理学的角度看爱情》。文中有一段这样的比喻：人的心理需求很多，就像照相机有广角及望远镜头。用望远镜头对准某一对象时，此对象变大，而其他对象就变成模糊的背景。这就像肚子饿时去市场买东西会买得特别多，因为你的需求（食物）被放大；可是当你吃饱后，需求又不一样了。食物像被广角镜头溶回背景中，但吃饱后你口渴了，这口渴的需求又像被望远镜头放大了一般，其他需求都变得不重要。而你把所有注意力放到这个新的对象，新的需求上，直到它得到满足，才重新融回背景之中。

你对于身边伴侣的要求其实也是如此，或许不是你的那个他（她）缺点太多，只是当你们每天在一起的时候，你将过多的注意力放到了对方身上。所以，越是快乐的婚姻，越要学会看优点。还有一点，我们随着境遇的不同、心态的不同，会发生不断的变化，所以要学会一起面对新的问题，一起成长、一起变得更智慧更优秀。

独立与陪伴　一起分享生活很重要

我们经常会被各种娱乐圈中分分合合的爆炸性消息冲击着，也常常在思考其缘故。我曾经觉得娱乐圈离婚率如此之高是因为诱惑太多或是入戏太深的缘故，可这几年越发觉得真正原因可能是由于两个人的距离所致。长时间的两地奔波拍戏使两个人不能共同分享当下生活的点点滴滴，那无异于是在慢慢适应没有彼此的生活呀！苦了甜了你的那个伴儿都不能陪在身边来分享，久而久之，再炙热的爱人恐怕也会生分许多。

但这并不是说两个人一定天天要腻在一起。独立的空间也非常重要，男人女人要各有自己的一方天地与空间。

特别喜欢一段话：最好的婚姻状态是互相欣赏却又各自精彩，就像长在路边的两颗木棉，根相握在地下，叶相触在云里，能一起分担寒潮、风雷与霹雳，更能共享雾霭、流岚和虹霓！

善良与担当

善良是一个优秀灵魂的最基本的品质。“谦谦君子，与人为善”，在人与人交往的过程中，我们要学会尊重和善待他人，用真诚和爱给他人带去温暖，在婚姻中对待爱人更是如此。这里，我想多谈一点女子的善良。不论是容颜平常的女子还是倾国倾城的女子，善良都是最令人动容的品质，女人的善良可以让男人变得温柔。

善良的女子会给丈夫以慰藉和勇气，并能书写永恒。容颜易逝，然而，善良的女人即使外表不漂亮、不引人注目，但她的一举一动却显示出内心的丰富、深厚与涵养，并能让家庭生活幸福多彩。

谈到善良，也想提一下所有男人心目中最向往的那个女子的词汇——善解人意。很多夫妻关系紧张的女人，其实就是让男人失去了舒适的感受，没有以一个善良女人的角度与角色来关心老公。

在物欲横流的日子中，越来越多的女人心境愈发急躁，她们会毫无顾虑地对着老公咆哮指责，毫不留情地对他们大发雷霆，那么，两人的日子自然会过得剑拔弩张。女人，在平淡或许有些琐碎的日子中，你可曾想过，做好一个“善”字，会让你的男人宠爱你一辈子。

下面再谈谈责任。

做好工作需要有强的责任感，经营好婚姻更需要有责任意识。责任分很多种，有对国家的责任、有对父母子女的责任，更有对伴侣家庭的责任。责任无处不在，存在于每一个角色。但在这里，我更想写男人的责任。余秋雨说过这样一句话：男性的第一魅力是责任感。这种责任感指的是主动承担，信守承诺，没有责任感的爱情是很容易失败的。

责任感是一个人成熟的标志，有责任感的男人首先懂得对自己负责，尊重自己的理想，珍惜自己的宝贵年华和生命的活力，能够克制自己本能的冲动，抵抗住外来的各种诱惑。更懂得对爱人负责，对婚姻负责，尊重感情，爱惜彼此，担当起共建幸福家庭的使命。很多不幸福的婚姻源于丈夫的自私与不能担当，曾看过一句话说得好：自由的第一个意义就是担负自己的责任。仔细想想，说得多么贴切，当你担起了自己的责任，做好了该做的事情，又怎么会不自由呢?

家庭、事业、亲人、爱人，正是这些点点滴滴的生活交织在一起，组成了我们的生命状态。愿你能够多多增进人生的练达和智慧，遇见幸福!

生命是每个人实实在在所拥有的，生涯是我们可以选择可以创造的，你可以通过好的生涯规划进而选择自己的生命轨迹。愿你能够为自己勾画出生涯的精彩篇章，愿你能去享受生命中的每个细节，愿你心中始终充满爱与阳光！做一个有使命感的幸福的人!

后记

只为遇见

“世界上唯一不变的就是变化。”这是古希腊哲学家赫拉克利特说的一句话。

世界上没有万无一失的规划，任何规划也都不可能适用于所有情况。但它能助你一臂之力，这对你想要的生活是至关重要的。如果你有坚强意志，你就可以改变一部分未来。我们要学会从规划到适应再到创造，也许这才是21世纪全球化背景下亟需的人才！

在旅途中或平日的生活中，会有一些大学生、高中生问我该不该出国、该不该考研、该在什么样的城市工作等等。在我看来，他们都漏掉了一个最重要的问题：想成为一个什么样的人，想要过什么样的生活。你是否想过人生百年之后你墓志铭上的那段话是什么，你会给后人留下什么！所以，在为自己规划未来时，千万别让紧急需要排挤掉重要需要！“跟着自己的心灵做抉择”这也是父亲送给我最重要的一句话。只有你遵从内心选择做出了决定，你才能对于结果悦纳，即使那个结果糟糕透顶，你也能坦然一笑、欣然接受。这就是遵从内心选择的最大好处，因为你能看得到邻近的危险，却看不到更远处将可能遇到的威胁。

就在这些年慢慢积淀、逐渐完成这部书稿的同时，我也一直在问自己，我到底想要什么。一直以来，我都按着自己对未来的期许安排我的节奏，也确实一步步完成了我的很多理想。但当我与一位同事讨论生涯规划问题时，他向我提出了诸多不可控制的因素来反驳我，我甚至对自己的研究方向产生了疑惑。直到我读了维克多·弗兰克尔《活出生命的意义》，我才豁然开朗。作者是一位从二战纳粹集中营走出来的待决囚徒，他用一生证明了绝处再生的意义。“生命的真正意义要在世界当中而不是内心中去发现，人越是忘记自己——投身某种事业或献身于所爱的人——他就越有人性，越能实现自己的价值。所谓自我实现，绝不仅仅是指某种可以实现的目标。因为人越是急于实现这个目标，越是容易失去它。换句话说，自我实现可能是自我超越的唯一副产品”。所以，即使外界条件不断在变，或是作为我们追求的意义本身也不断在变，但作为意义本身永远不会消失！

在我经过的这不长不短的人生旅途中，遇见了很多人和事，总想领略更多不一样的风景。总想超越生命的限制做点什么。“为中国的教育做点什么、留下点什么，为青年人尽可能地提供帮助”，是我的终身事业，更是使命。我发现，当我找到这份使命感的时候，当我为一些年轻朋友们出谋划策的时候，我的内心是平和的，幸福的，甚至是沉醉的。“想到一个人就会觉得温暖、安全；想到一个人所有美好的词汇都会出现；执子之手、与子偕老，相濡以沫、比翼齐飞”，这是我对爱情与婚姻的憧憬，感恩上天对我的眷顾，让我在最美好的年华里遇见了这个人。我发现，当这个人出现之后，我的内心是平和的，细腻的，甚至更加柔软了。“生活的烦恼和妈妈说说、工作的事情和爸爸谈谈，常常联络、家人团聚、其乐融融”，这是我对于最看重的亲情的期待。我是幸运的，能够在一个民主、和谐、充满爱的家庭里成长。我发现，当我常怀感恩、希望通过自己的努力让亲人们更幸福、自豪时，我的内心是平和的，自信的，甚至更加坚强了！也但愿你，我的朋友，知道自己内心最想要的是什么，并通过日积月累，遇见属于你的幸福！

还想强调的一点是：善于规划就要从珍惜美好的现在开始，从而让自己既把握当下，珍惜幸福；又从容自信，走向幸福的明天。

预见是为了更好的遇见！相信我们有能力遇见属于我们最美好的未来！

张玉婷

辽宁　沈阳

参考文献

［1］丹尼尔・平克．驱动力［M］．北京：中国人民大学出版社，2012（4）．

［2］马克・桑布恩．邮差弗雷德［M］．北京：中信出版社，2010.

［3］丹尼尔・吉尔伯特．哈佛幸福课［M］．北京：中信出版社，2011.

［4］朗达・拜恩．力量［M］．长沙：湖南文艺出版社，2016.

［5］沙因．沙因组织心理学［M］．北京：中国人民大学出版社有限公司，2009.

［6］朱益明．普通高中学生发展指导研究［M］．上海：华东师范大学出版社，2013.

［7］宇琦，吕扬．人都在学的 70 种思维方式［M］．北京：中国华侨出版社，2010.

［8］吴志功、乔志宏，美国大学生生涯发展与就业指导理论评述［J］．比较教育研究，2004（16）：52–56.

［9］辛涛等．我国义务教育阶段学生核心素养模型的构建［J］．北京师范大学学报（社会科学版），2013（1）．

［10］徐星．拉近高中生与职业之间的距离［J］．上海教育，2014.

致 谢

终于，这本书就要展现在大家面前了。就在完成这部书稿的最后阶段，惊喜的发现一个小小的新生命正在我的身体里孕育、成长，我以无比喜悦、激动的心情期待着他的平安到来。这本书的创作，也如同生命的孕育，甚至比一个小生命的诞生来得要漫长许多。从最初大量的阅读与思考到多处的实践调研，又经过反复的推敲与调整，才最终与广大读者见面。在欣喜、憧憬的同时，更多的是感恩之情。

首先要感谢我的爸爸张铁友和妈妈姜葵红。在书稿写作方向确定后，当我每一次激情澎湃的给爸妈讲解生涯规划理念和一个个小故事的时候，他们都是我最好的听众，并给予我最大的支持。几年来，当我书稿写作有新进展和遇到困惑的时候，他们又提出十分中肯的意见和建议。在成书的最后阶段里，更是在方方面面给予我极大的支持与鼓励。亲情是我最坚实的后盾，是我最大的动力源泉，谢谢我最亲爱的爸爸妈妈！

然后要感谢的是我的先生杨彦博，与夫君相识、相知、相许，是我人生中最美丽的遇见。与夫君的交流，常常能带给我无限的灵感。他会偶尔打击我的小浮躁，但更能不失时机的为我提出宝贵意见。每当我最需要帮助的时候，他总是能第一个冲在前面，全力以赴的为我奉献宝贵的时间和精力！

茨威格在《昨日的世界》里写到，对于一个作家来说，选择哪家出版社是一生中的关键。我还要特别感谢经济日报出版社韩文高社长对这部书稿的重视与支持，亲自审阅书稿，提出修改意见，对我的教育梦、文学梦给予最大的帮助与鼓励！还要感谢郭明骏编辑，从章节内容的调整、版式的设计到封面的确定，都倾注了她很多的心血和热情！

更要感谢博学贤达的吴学先教授以及深受广大读者喜爱的作家西米，在百忙之中为我作序，并不吝溢美之词。没有这么多亲人和贵人的支持，就没有这本书的问世！

我还要感谢我所就职的沈阳市教育研究院的领导与同事们，谢谢他们对我的关爱与帮助。在教育研究院这个平台上，让我有更加开阔的视野，更接地气的调研机会，在实践中得到了一次次的启发和升华。

这本书不仅仅是一本专门研究生涯规划理论的书，更是理论与实践知行合一的结晶。写作这本书，就是希望其中的一些思想能给大家一些启迪，让我们在大变革时代不迷失初心和方向，得到共同成长。

每个人只有一辈子，我们的每一分、每一秒都值得好好珍惜，找到值得自己毕生追求的梦想是珍惜生活的最高体现，我们要全身心的去践行，最后才能遇见那个幸福的自己！

如果书中有疏漏的地方，恳请专家学者和读者朋友们批评指正！

张玉婷

2017 年 10 月 26 日

写给未来的自己

给梦想留下时间，现在的努力，不会立刻发生改变。

但请你相信，未来的自己，会感谢你此刻的付出与艰难！

想要收获，便不要喜易恶难，目光短浅。

春归有时，珍惜当下，不要为生命留下遗憾！